Namas T. Tasja

# Mein magischer Rauhnächte Begleiter

Namas T. Tasja

# Mein magischer Rauhnächte Begleiter

Das persönliche Coaching für 12 Tage
mit Meditationen, Achtsamkeitsritualen
und Journalingfragen zum Ausfüllen

mvgverlag

**Bibliografische Information der Deutschen Nationalbibliothek**

Die Deutsche Nationalbibliothek verzeichnet diese Publikation in der Deutschen National-bibliografie. Detaillierte bibliografische Daten sind im Internet über https://dnb.de abrufbar.

**Für Fragen und Anregungen**

info@m-vg.de

3. Auflage 2025

© 2023 by mvg Verlag, ein Imprint der Münchner Verlagsgruppe GmbH

Türkenstraße 89

80799 München

Tel.: 089 651285-0

Redaktion: Simone Fischer

Umschlaggestaltung: Manuela Amode

Umschlagabbildung: Shutterstock.com/maglyvi, Artnizu.

Layout: Manuela Amode

Satz: inpunkt[w]o, Wilnsdorf (www.inpunktwo.de)

Druck: Florjancic Tisk d.o.o., Slowenien

Printed in the EU

ISBN Print 978-3-7474-0599-4

Wir produzieren
nachhaltig
www.m-vg.de

Weitere Informationen zum Verlag finden Sie unter

# www.mvg-verlag.de

Beachten Sie auch unsere weiteren Verlage unter www.m-vg.de

# Inhalt

Raue Nacht,
heilige Nacht:
vom Zauber einer
Zwischenzeit

Herb, wild und urtümlich: Wenn wir an Sagen und Mythen aus dem hohen, verschneiten Norden denken, erscheint uns das Bild von tiefblauen Flüssen in dunstigen Felsschluchten und von Eis glasierten Steinen in dichten, undurchdringlichen Wäldern. Wir träumen uns in klare Winternächte, in denen schillernde Polarlichter über das sternenbesetzte Firmament flimmern, und sehen Bäume, Sträucher, Gräser, die bei Tagesanbruch das kristalline Kleid des Nachtfrosts tragen. Trolle und Feen bevölkern vor unserem inneren Auge die zauberhafte Kulisse und entführen uns in fantastische Zwischenwelten, die an den Wurzeln unseres Daseins rühren. Im Schattenreich der Dämmerung, wenn die Tage immer kürzer werden und die tief stehende Wintersonne sich schon nachmittags wieder dem Horizont zuneigt, werden wir nachdenklich gestimmt: Wo kommen wir her, wo gehen wir hin – und wozu sind wir überhaupt hier?

Unsere heidnischen Vorfahren der Vor- und Frühzeit suchten Antworten auf diese Fragen, indem sie ihr Leben im Einklang mit den Gesetzen der allbeseelten Natur – mit all ihren schön-schrecklichen Ambivalenzen – ausrichteten. Und diese Atmosphäre verdichtet sich um den 21. Dezember herum, der Wintersonnenwende, die den kürzesten Tag und die längste Nacht des Jahres beschreibt. Wenn die Sonne spät aufgeht und der Tag früh in winterlicher Dunkelheit und Kälte versinkt, müssen wir uns noch nicht einmal in die archaische Romantik dampfender Kessel über knisternden Holzscheiten in zugigen Zelten mit Fellvorhängen zurückversetzen, um uns das naturnahe Leben der alten Zeiten vor Augen zu halten. Denken wir nur an die Lebenswelt unserer Groß- und Urgroßeltern, die sich noch viel rauer und ursprünglicher gestaltete, als wir es uns mit unserem heutigen zivilisatorischen Lebensstandard ausmalen können – insbesondere in der winterlichen Jahresphase. Während sich das keltisch-germanische Sagen- und Brauchtum bis ins späte Altertum entwickelt hat (aber erst im Spätmittelalter verschriftlicht wurde), sind viele Traditionen der Rauhnächte, wie wir sie heute kennen, im dörflichen Kontext der mittel- und nordeuropäischen, vor allem nordalpinen Bauerngesellschaften entstanden. Familien und Nachbarn saßen in dieser dunklen Zeit beisammen und trotzten den unwirtlichen Tagen, indem sie sich beim Lodern des Kaminfeuers Geschichten erzählten und in den Kokon der innerhäuslichen Sphäre und in ihre Gedankenwelt zurückzogen.

Gegenwärtig erlebt der Rauhnachtkult vor allem als spirituelles Alternativangebot ein beachtliches Revival. Die Weihnachtsfeiertage und die Tage »zwischen den Jahren« gewinnen aus vielerlei Gründen in unserer Gegenwartsgesellschaft an Bedeutung – ganz unabhängig von Konfession oder Lebenslage. Es ist eine Zeit der Einkehr, die in unserem betriebsamen Lebensalltag so rar geworden ist, denn nur zu oft scheint es, als hätten wir Wohlstand und Komfort gegen Lebensqualität und Freizeit eingetauscht. Der eine mag also ein besonderes Interesse an keltischer Mythologie mitbringen, der andere sich der christlichen Botschaft des lichtbringenden Heilands zuwenden und wieder ein anderer den Jahresausklang einfach zur so selten gewordenen persönlichen Besinnung nutzen wollen – aus welchem Grund auch immer wir uns der Magie der Rauhnächte öffnen, so können wir Kraft schöpfen aus der besonderen Atmosphäre der kürzesten Tage. Diese Zeit macht es uns einfach, uns mit der Natur rückverbinden oder einfach nur eine Auszeit vom profanen, stressigen Erwerbsalltag zu nehmen, denn die Tradition der Rauhnächte hält für jedes Anliegen etwas bereit. In einer Welt, in der uns zunehmend eisige Kälte entgegenschlägt, und in der kalten Jahreszeit rund um die Wintersonnenwende spenden die am Weihnachtsfest und/oder anlässlich der Wintersonnenwende entzündeten Kerzen uns Wärme. Es steht uns frei, der Hektik und dem Trubel der vielerorts wirtschaftlich orientierten Vorweihnachtszeit zu entrinnen und uns an das Wesen der Feiertage um die Weihenacht herum zu erinnern. Für manche mag die religiöse Dimension in den Hintergrund getreten sein, die Ruhe vor dem nächsten Sturm – dem Alltag des neuen Jahres – ist es hingegen nicht. Und so ist die raue Zeit zwischen den Jahren für uns alle

ein Fluchtraum: vor einem vollen E-Mail-Postfach oder dem nächsten Meeting – ein alljährlicher, persönlicher und vor allem freiwilliger Mini-Lockdown. Die Geschäfte sind offen und gewappnet für den großen Run des Umtauschens, aber wir dürfen genauso gut untertauchen, müssen nicht erreichbar sein, nicht das Gefühl haben, etwas zu verpassen.

Die Zeit hält inne, Vergangenheit, Gegenwart und Zukunft scheinen ineinanderzufließen in einem unkenntlich dunklen Raum der Stille, wie ihn die magische Schwellenzeit uns erschließt. Jetzt ist die Gelegenheit, um in die eigene innere Mitte zu finden, ein neues Selbstverständnis zu entwickeln und uns zentralen Lebensfragen zu stellen. Wir können mit Belastendem abschließen und uns für Visionen und Träume für das kommende Jahr öffnen, vielleicht auch neue Gewohnheiten etablieren, um uns über die Feiertage hinaus nicht vom beanspruchenden Alltag absorbieren zu lassen. Wir erfahren keine Ablenkung im Außen, sind nicht befangen durch die Flut an Reizen, sondern können ein Digital Detox einlegen und uns unseren Herzensangelegenheiten hingeben. In der Zeitenwende zwischen altem und neuem Jahr sind wir empfänglich für Geschichten, die allgemeine Lebensthemen behandeln und gleichermaßen die individuelle Entwicklung in den Blick nehmen. Diese meditative Gestimmtheit und emotionale Sensibilisierung setzt schon in den Herbstmonaten ein. Wir stellen unsere Aktivitäten im Draußen zunehmend ein und richten unsere Aufmerksamkeit nach innen. Wir werden körperlich träger, aber unser Geist wird rege bis melancholisch. Das Licht ist ein besonderes zu dieser Zeit: Die Sonne steht besonders tief und schimmert geradezu magisch.

Die dunkle Zeit sensibilisiert uns Menschen für die Wahrnehmung des Unsichtbaren – und das müssen keine Geister, sondern können auch in unserem Unterbewusstsein verschüttete Themen sein. Es ist eine magische Zeit, in der sich das Mysterium derjenigen Sphäre enthüllt, die jenseits des Sichtbaren liegt: Subtile Energien werden fühlbar, und

wir sind empfänglich für die innere Stimme, die zu uns spricht, unsere Intuition. Zur Wintersonnenwende erreicht dieser Murmeltiermodus seinen Höhepunkt. Und diese Zeit ist eine im Jahresverlauf einmalige Chance: Die Niemandszeit, wie die Zeit zwischen den Jahren auch genannt wird, ist eine Zeit voller Potenzial – eine Zeit, in der wir die Saat ausbringen, die im neuen Jahr keimt und blüht.

Die nordische Sagenwelt erzählt uns von den Schicksalsweberinnen, den Nornen, die zu dieser Zeit im Wurzelwerk der Weltenesche Yggdrasil sitzen und unser Lebenslos weben. Die Vegetation richtet sich insgeheim bereits auf ihr Frühlingserwachen aus: Die Samen tief in der Erde fangen an, erste Sprösslinge zu treiben, der Fluss der Pflanzensäfte wird allmählich wieder angeregt. So können auch wir uns mit dem alljährlichen Kreislauf verbinden und aus der Dunkelheit eingefahrener Routinen Vorsätze für das kommende Jahr bergen und einem neuen Jahr und Leben unter dem Zenit der Sonne entgegengehen. In diesen Tagen öffnet sich das Tor zur Anderswelt, und wir sind eingeladen zu orakeln und zu spekulieren, in die Tiefen unserer Seele hinabzusteigen, am Lebensrad zu drehen und Einfluss auf den Lauf der Dinge zu nehmen.

Die Rauhnächte sind somit eine Zeit mit einmaligem Erkenntnispotenzial: Wir erblicken die übersinnliche Dimension der Natur und entdecken die Geheimnisse des Lebens, die sich uns im Schattenreich zwischen Himmel und Erde offenbaren, und finden zu uns selbst. Das goldene Licht der Dämmerung bricht sich in den Eiskristallen und enthüllt den sich vor unserem inneren Auge erstreckenden, von einer funkelnden Schneedecke ummantelten Heiligen Hain als Seelenlandschaft, in dem wir negative Schwingungen überwinden und unser wahres Selbst kreieren können – ein Selbst, das unsere ureigentliche Identität repräsentiert, die nicht durch gesellschaftliche Erwartungen und Konditionierungen, wie wir sie im Laufe unseres Lebens internalisiert haben, verfälscht ist. Dieses Erkenntnispotenzial wollen wir in diesem Buch gemeinsam ausschöpfen.

# MYTHOLOGIE UND BRAUCHTUM: DER URSPRUNG UND BEGRIFF DER RAUHNÄCHTE

Schneezauber und Winterwunderland – alle Jahre wieder lassen wir uns von den ersten Flocken verzücken, machen es uns in unseren vier Wänden gemütlich und hoffen auf weiße Weihnachten. Und das passende Merchandising dieser Tage umfasst nicht nur Marzipanbrot und Hagebuttentee in den Supermarktregalen, sondern sickert in das Fernsehprogramm und in die Musikcharts ein, wirft Literaturempfehlungen und Lifestyletrends auf, die Anschluss suchen an das romantische Ideal einer verwunschenen Zeit. Die historische Wirklichkeit hinter Charles Dickens und Hans Christian Andersen entbehrt vieler dieser romantischen Attribute: Der Entstehungskontext der bekannten Märchen und Geschichten ist entbehrungsreich.

Für die Menschen in vorindustrieller Zeit stellten die Wintermonate geradezu eine Bedrohung dar und bedeuteten eine Bewährungsprobe. Oft reichten Nahrungs- und Feuervorräte nicht aus, alte und kranke Menschen starben und Räuber und Plünderer nutzten die Gunst der dunklen Stunde, um ihre Raubzüge durch Dörfer und über Gehöfte anzutreten. Die Agrargesellschaft war darauf angewiesen, im Einklang mit dem Jahreszyklus zu leben und sich dem Rhythmus der Natur zu unterwerfen. Erst in den 1880er-Jahren wurde damit begonnen, die Straßen zu elektrifizieren und mit Laternen auszustatten. Es dauerte bis in die 1920er-Jahre, dass auch Privathaushalte flächendeckend mit Strom versorgt wurden. Vor dieser Zeit war der Winter eine düstere und dunkle Jahreszeit, in der die Wintersonnenwende den Menschen Zuversicht gab: Der Scheitelpunkt der Dunkelheit war erreicht, die Tage wurden wieder heller, die Zukunft stand vor der Tür. Die tiefe Verbundenheit mit der Natur sensibilisierte die

Menschen für atmosphärische Veränderungen. Die Zeit um die Wintersonnenwende wurde schon in der Vor- und Frühzeit als geheimnisvolle, mystische Zeit wahrgenommen, in der religiöse Bräuche und das Zeremoniell der Natur Hand in Hand gingen. In den heidnischen Kulturen nahmen Schamanen Kontakt zu den Naturgeistern auf und versuchten, diese mit Opfergaben gnädig zu stimmen. Die alten heidnischen Rituale, die durch den Zauber dieser Schwellenzeit inspiriert sind, wurden im Laufe der Jahrhunderte mit dem christlichen Brauchtum durchdrungen, nahmen einen festen Zeitraum im Jahreskalender für sich ein und sind bis in die jüngere Vergangenheit und Gegenwart, vor allem im ländlichen, naturverbundenen Raum, erhalten geblieben.

Die zwölftägige Eingrenzung der »rauen Nächte« ergibt sich aus kalendarischen Abweichungen und hat ihren Ursprung in der Zeitrechnung nach dem keltisch-germanischen Mondkalender: Die Kelten lebten nach einem Mondkalender von 13 Monaten, jeder Monat entsprechend einem Mondzyklus von 28 Tagen. Ein Jahr zählte nach zwölf Monaten also nur 354 Tage. Die fehlenden elf Tage beziehungsweise zwölf Nächte zum gregorianischen Sonnenkalenderjahr wurden bei seiner Einführung als tote Tage, als Tage außerhalb der Zeit und eben als außerhalb der kalendarischen Zeit begriffen. So etablierte sich die mystische Auffassung, in diesen Tagen außerhalb der Zeit seien auch die Naturgesetze ausgehebelt und die Grenzen zu anderen Sphären könnten überwunden werden. Der Volksglaube geht seither davon aus, dass in der »Zeit zwischen den Jahren«, im weiteren Sinne vom 25. Dezember bis zum 5. Januar, der Schleier zwischen Diesseits und Jenseits am dünnsten ist und sich das Tor zur Anderswelt öffnet.

Es gibt noch weitere Rauhnächte im Jahr, die nicht in die Zeit zwischen den Jahren fallen und entsprechend ebenfalls mystisch konnotiert werden. Auch an diesen Tagen ist die Grenze zur Anderswelt dünner, sodass auch zu diesen Terminen in alten wie in neuen Zeiten orakelt wurde und zahlreiche Rituale und Brauchtümer durchgeführt wurden und werden. Zu diesen Nächten zählen: Beltane/Walpurgisnacht (30.4./1.5.), Samhain/Halloween (31.10.), Allerheiligen (1.11.), Allerseelen (2.11.), Thomasnacht (30.11.) und Nikolausnacht (5.12./6.12.).

Die Herkunft des Begriffs Rauhnacht gibt Aufschluss über die verschiedenen Bedeutungen. Der erste Wortteil der Rauhnacht stammt vom mittelhochdeutschen *ruch* ab, was so viel heißt wie »haarig«, »wild«, »pelzig«. Hier klingt bereits der Natur- und Tierbezug des Rauhnachtkults an, denn in der Zeit der Rauhnächte, diesen Tagen außerhalb der Zeit, streiften wilde, raue Dämonen umher und trieben ihr Unwesen. Vor diesen rauen Gesellen mussten die Menschen sich schützen und entwickelten daher bestimmte Rituale, um die Dämonen zu verjagen. In den sogenannten Perchtenumzügen, einer Tradition, die bis in die Gegenwart im voralpinen Raum fortlebt, wird dies auch noch heute deutlich: So ziehen alljährlich in bayerischen Dörfern fellbehangene Gestalten mit blutverschmierten Masken mit Teufelshörnern durch die Straßen.

Eine weitere mögliche Herkunft des Begriff der Rauhnacht stammt aus dem althochdeutschen Wort *rûna*, was so viel heißt wie »Geheimnis« (man denke hierbei auch an die keltische Runenschrift), woraus sich auch erklärt, warum die Rauhnächte seither als ein kosmisches Ereignis von mystisch-religiöser Qualität betrachtet werden. Eine weitere Bezeichnung lautete auch »Weihenächte«, schließlich auch christianisiert zu »Glöckelnächte« oder »die Zwölften«. Nicht zuletzt waren die Tage zwischen den Jahren als die »Wolfsnächte« bekannt. Wie es heißt, sollen sich Wölfe zur Wintersonnenwende im Schutz der Dunkelheit einst tatsächlich besonders nah an menschliche Siedlungen herangewagt haben. Das Verhältnis des Menschen zum Wolf war seit jeher ambivalent: Er wurde gefürchtet und war zugleich ein animalisches Faszinosum. So wurde und wird der Wolf noch heute im Schamanentum als Krafttier sowie als Helfer betrachtet, der den Schamanen dabei hilft, tief in die geistige Welt und die verborgenen Kräfte des Unterbewusstseins einzutauchen, und fungiert damit auch als Brückenbauer zum Ahnenreich.

Die Menschen begegneten dem sich in den Rauhnächten öffnenden Tor zur Anderswelt mit einer Mischung aus Angst und Neugierde und entwickelten Rituale, die sowohl zur Rück- als auch Vorschau dienten. Man ließ an den »Losnächten«, wie sie auch genannt wurden, Vergangenes Revue passieren und orakelte über das Kommende, ließ seiner Fantasie freien Lauf, spekulierte über Traumerlebnisse und erzählte einander Märchen. Dies zeigt sich in dem Begriff *losen*, der so viel bedeutet wie »lauschen« und »lauern« – man lauschte und lauerte also auf die Vorzeichen dessen, was das nächste Jahr bringen sollte. Zu diesem Zweck bedienten sich unsere Vorfahren zu jener Zeit verschiedener Orakeltechniken. Wer auf der Suche nach einer Liebe im neuen Jahr war, der zählte einst Zaunpfähle. Man überlegte sich im Vorfeld eine Zahl und schritt dann rechts von der Zauntür die Pfähle ab. Der Pfahl, bei dem man angelangte, sollte etwas über die zukünftige Liebe aussagen: jung, alt, morsch, zerfurcht ... Auch Tierorakel waren beliebt: Hunde und Pferde konnten angeblich in die Zukunft sehen. Krähen wurden als Todesboten verstanden. Daher achteten die Menschen in früheren Zeiten in den Rauhnächten ganz besonders auf Begegnungen mit Tieren, um deren Zeichen zu deuten. Aus kulturanthropologischer Sicht diente die Fülle esoterischer Deutungen den Menschen als Kulturtechnik, um die Erfahrung der Dunkelzeit emotional zu bewältigen. Und auch uns sind viele dieser Gepflogenheiten noch heute wohlvertraut. Vor den Weihnachtsfeiertagen wollen wir noch möglichst viel »weg-

schaffen«: sei es Arbeit auf dem Schreibtisch erledigen oder offene Rechnungen bezahlen. Wir bereiten uns auf die Zeit des Rückzugs vor, indem wir uns auf die Suche nach Geschenkideen begeben, um Menschen, denen wir dafür danken, dass es sie gibt, eine Freude zu machen. Wir schmücken unsere Wohnung weihnachtlich, backen duftende Plätzchen und räumen vor dem großen Festtag noch einmal auf.

Die Menschen nahmen in den Rauhnächten in früheren Zeiten auch Kontakt zu den Ahnen auf, um das Schicksal zu befragen, und schützten sich in dieser Zeit besonders vor bösen Geistern. Zu diesem Zweck spielte im Volksglauben und alten Brauchtum im Vorfeld der Rauhnächte das Großreinemachen eine wesentliche Rolle. Es wurde gekehrt und aufgeräumt, damit die bösen Geister nicht von Dreck und Unordnung angezogen wurden und Unglück brachten. Die Rauhnächte wurden im Volksmund auch als »Rauchnächte« bezeichnet, nach dem mittelhochdeutschen *rouch* für »räuchern« (*Rouchnahten*), denn zur Vertreibung von bösen Geistern und Dämonen wurden Haus und Hof ausgiebig mit Schutzkräutern geräuchert. Dazu führte man Räucherrituale durch, bei denen Räucherwerk mit einer spezifischen Symbolik verwendet wurde: Weihrauch sollte Segen bringen und das energetische Level erhöhen, Myrrhe desinfizieren, klären und reinigen sowie Ruhe spenden. Wacholder vertrieb böse Geister und Kampfer bereinigte schlechtes Karma. Diese reinigenden Räucherungen vertrieben nicht nur die bösen Dämonen sondern sollten auch gute Geister willkommen heißen und generell Haus und Hof von Altem und schlechten Energien reinigen.

Neben den reinigenden Ritualen wurden auch noch weitere Bräuche befolgt. Alle Räder sollten stillstehen – das umfasste beispielsweise Spinnräder und Mühlsteine – mit Rücksicht auf das Schicksalsrad, das sich nun ungestört drehen durfte. Fehlende Knöpfe an einem Klei-

dungsstück wurden als drohender Geldverlust im kommenden Jahr gedeutet, und bellende Hunde sollten den Gedanken, den man in just diesem Moment dachte, bestätigen. Und wenn jemand in den Rauhnächten verstarb, so hieß es, werde es im Umkreis des Toten im kommenden Jahr zwölf weitere Todesfälle geben.

Die Winterzeit ist nicht zuletzt auch Lesezeit. So kam auch einst dem Geschichtenerzählen eine wichtige Bedeutung zu. Auf den Höfen fiel im Winter wenig Arbeit an, man zehrte von den über das Jahr geernteten Vorräten und statt der Arbeit auf dem Feld fanden Hofgemeinschaft und Familien sich zusammen zu innerhäuslichen Tätigkeiten wie der Handarbeit. Die ehemaligen Spinnstuben dienten dabei nicht nur als Orte des geselligen Beisammenseins, sondern boten sich auch für Tratsch an. Die Redewendung »sich etwas zusammenspinnen« hat ihren Ursprung in dieser Lebenswelt. Man rückte um die verbliebene Lichtquelle, die Feuerstelle des häuslichen Kamins, zusammen, stickte oder schälte Kartoffeln und erzählte sich derweil Geschichten. Das romantische Bild des 19. Jahrhunderts, nach dem sich die Familie um den gemütlichen Kamin scharte und vor den Fenstern Schneegestöber herrschte, ist jedoch nur ein Aspekt der damaligen Lebensrealität. Denn die Menschen in unseren Breiten waren bis in die zweite Hälfte des 20. Jahrhunderts von Kriegen, Hunger und Kälte gebeutelt. Daher spendeten Märchen Trost und spiegelten die allzu menschlichen Seelenkräfte; das Geschichtenerzählen am Feuer wurde zu einer Form zeitweiliger Weltflucht. Und die oftmals so rauen Geschichten aus der Mythologie und dem Reich der Legenden bedienten auch die Freude am Schrecken und Gruseln aus sicherer Distanz in der heimeligen, guten Stube. Der Lustschauer an der geheimnisvollen Dunkelheit verdankt sich nicht zuletzt auch der Perspektive auf das Ende jener dunklen Zeit: Die Wintersonnenwende leitet die ersehnte Zeit der Transformation ein.

# Wilde Jagd und Perchtenläufe: die Magie von Schönheit und Schrecken

Im germanisch-heidnischen Kontext der Sonnenwendmythologie stellte man sich vor, dass das Licht aus dem Schoß von Mutter Erde neugeboren wurde. Danach beginnt die Wilde Jagd unter der Anführung des höchsten Gottes und Weltenschöpfers Odin, die zwölf Tage und Nächte dauert und die das Licht durchschreiten muss, um zum Jahreswechsel erstrahlen zu können. Von Walhall aus, der Wohnstatt Odins, verfolgt die Jagdgesellschaft den Hirschen, der die Sonne durch die Unterwelt trägt und dadurch die Dunkelheit auf der Erde verursacht. Odin stürmt auf seinem achtbeinigen Schimmel Sleipnir durch die Wälder und Dörfer, in Begleitung seiner Vorhut, den schwarzen Hunden, und der Nachhut von Pferden, wissbegierigen Raben, Hasen, gefräßigen Wölfen und Wildschweinen. Sleipnir ist ein Symbol für die Totenbahre: eine Liege, die von acht (Menschen-)Beinen getragen wird. Insofern dient er auch als Reisegefährt zwischen den Welten. Und so braust die Geisterschar alljährlich, wenn sich die Tore zum Geisterreich, der Anderswelt, öffnen, jaulend und jammernd durch die Lüfte und auf die Erde nieder. In manchen Regionen ist auch eine Frau Anführerin der wilden Jagd. Während sie im Alpenvorland von der Sagengestalt Perchta angeführt wird, werden in Norddeutschland und im skandinavischen Raum seither auch Versionen erzählt, in denen Frau Holle die alljährlichen Schneestürme auf der Erde entfacht. Für die Erdenbewohner sind die wilden Reiter als die eisigen Winterstürme erlebbar. Das Heer unerlöster Seelen wütet und tost über die Felder, verbreitet mit seinem Gebrüll und Geheul Angst und Schrecken, sorgt aber auch für Gerechtigkeit und hinterlässt dem Boden Fruchtbarkeit. Mit dem Umzug der Wilden Jagd wird die Wahrheit aufgewirbelt und ans Licht gebracht, Schatten werden gelüftet. Nun wird Altes aufgebrochen und darf sich lösen, um Platz zu machen, damit etwas Neues beginnen kann.

# Das zwölftägige CoachingProgramm

Man kann, aber muss nicht zwingend an Geister oder Dämonen glauben, um sich für die Rituale der Rauhnächte zu öffnen. Die sich zwischen den Jahren öffnenden Tore zur Anderswelt – das kann auch unsere kleine, persönliche Welt sein. Das bevorstehende neue Jahr, symbolisch mit einer neuen Jahreszahl versehen, gibt uns Impulse für neue Entwicklungsschritte und persönliches Wachstum: Wir bilanzieren, planen oder haben endlich die Möglichkeit, uns auf das Wesentliche zu besinnen und uns mental in der Gegenwart zu verankern, wenn der geschäftige Alltag endlich entschleunigt wird, unsere durchorganisierte Welt für ein paar Tage still steht und an der Nahtstelle zwischen Vergangenheit und Zukunft, der wir in diesen ruhigen Stunden zwischen feierlichem Festtagsambiente und winterlichem Zwielicht begegnen, die zentralen Lebensfragen und -themen aufkommen und nach Antworten verlangen.

Auf den folgenden Seiten wollen wir uns den Raum und die Zeit nehmen, ein paar mögliche Antworten zu finden. Unsere magischen Nächte beginnen mit der Nacht vom 24. auf den 25. Dezember um 0 Uhr und enden am 5. Januar um Mitternacht. Der 6. Januar dient als Abschluss der Rauhnächte, an dem du noch einmal Rückschau auf die vergangenen Tage halten kannst. Das hier in zwölf Einheiten vorgestellte Coaching-Programm begleitet dich durch diese stimmungsvolle Zeit und bietet dir Orientierung auf den verschlungenen Pfaden der Selbstvergewisserung. Im Laufe unserer Erziehung und Sozialisierung haben wir alle bestimmte Grundannahmen entwickelt, die unseren Blick auf die Wirklichkeit und unsere eigene Person eintrüben. Wir sind auf bestimmte Rollenbilder und gesellschaftliche Erwartungen hin geprägt worden und haben im Laufe unseres Heranwachsens einschneidende biografische Erfahrungen gemacht. Im Zuge dessen verlieren wir oftmals aus dem Blick: Wer bin ich wirklich? Was brauche und will ich wirklich? Und was wird mir nur von außen suggeriert und entspricht gar nicht meinem Wesen? Bevor du dich auf die Reise begibst, um dein wahres Selbst zu ergründen, und sich in der stillen, Heiligen Nacht vom 24. auf den 25. Dezember die Kompassnadel ausrichtet, erfährst du im Folgenden noch ein paar Einzelheiten zu den jeweiligen Programmpunkten und wie du dich optimal auf die anstehenden Tage vorbereiten kannst.

## ZWISCHEN DEN WELTEN WANDELN: TAGE DER EINKEHR MIT DER WEST-ÖSTLICHEN WEISHEITSLEHRE

Die Rauhnachttradition kommt, wie bereits beschrieben, aus dem germanisch-keltischen Kulturraum Mittel- und Nordeuropas. Der eigentümliche Rauhnachtkult, die besondere Magie der »Zeit zwischen den Jahren«, ist also der dunklen Jahreszeit in den nördlichen Breitengraden geschuldet. Die Naturverbundenheit und die Ausrichtung des Lebens an den Kräften der Natur ist jedoch ein Merkmal sämtlicher animistischer und naturorientierter Urvölker und ihrer spirituellen Rituale, wie sie vor dem Siegeszug der monotheistischen Religionen gepflegt wurden – angefangen von den indianischen Ureinwohnern Nord- und Südamerikas über die Bewohner Sibiriens bis zu den australischen Aborigines. Und jedes Urvolk kannte seine Dunkelzeit, die es im Form von Kulthandlungen zu besänftigen versuchte, jede Tradition weiß um die Nacht- und Schattenseiten ihres Märchenfundus – angefangen von den Erzählungen der Gebrüder Grimm bis hin zu den Orient-Bildern aus 1001 Nacht. Vor der imaginären Kulisse zerfurchter Täler und gletscherummantelter Bergketten lässt sich das Bewusstsein ebenso weiten, wie die zauberhaften Geschichten unter einem geheimnisvollen Sternenhimmel im Morgenland zum Träumen einladen. Aus diesem Grund können wir in den Rauhnächten nicht nur zwischen den Zeiten, sondern auch zwischen den Welten wandeln. Die in diesem Coaching-Programm vorgestellten Tages- und Lebensthemen, die

du bei jeder Rauhnacht unter dem Punkt »Thema« findest, sind daher einerseits durch die jeweiligen christlichen oder heidnischen Feiertage inspiriert und beziehen zugleich Ansätze aus der fernöstlichen Spiritualität und Weisheitslehre mit ein. Jede Rauhnacht steht dabei für einen der zwölf Monate des kommenden Jahreszyklus und auch für die Bäume, die im keltischen Baumkalender dem jeweiligen Monat zugeordnet sind. Gleichermaßen nimmt sie Bezug auf die dem Kalendertag zugeordneten Heiligenfiguren aus dem christlichen Kontext, diese entdeckst du unter dem Punkt »Namenstag«. An manchen Tagen ist unter dem Termin der Rauhnacht auch eine weitere besondere Bedeutung des entsprechenden Tages aufgeführt, zum Beispiel dann, wenn es sich an diesem Tag um einen christlichen Feiertag handelt. Ganz unabhängig von deinem persönlichen konfessionellen Hintergrund hält diese Rauhnachtbegleitung daher für jeden Leser und jede Leserin eine Vielzahl an Anregungen bereit.

## Feeling is Healing: Rituale und Achtsamkeitsübungen

Wenn du dich in der Vergangenheit bereits mit der Tradition der Rauhnächte beschäftigt und das eine oder andere Buch gelesen hast, um das Thema für dich zu vertiefen, wirst du sicherlich bereits mit den typischen Ritualen in Berührung gekommen sein, mit denen die Rauhnächte zelebriert werden. Vielleicht sind einige dieser Rituale auch bereits Bestandteil deiner individuellen, alljährlichen Rauhnachtzeremonie geworden. Auch in diesem Buch findest du für jeden Tag eine passende Achtsamkeitsübung oder ein Ritual zur Einkehr und Entspannung. Die gängigen Rauhnachtrituale arbeiten besonders gerne mit Düften. Düfte adressieren unseren Riechsinn, der sich in einem frühen Stadium der Evolution herausgebildet hat und unsere Instinkte anspricht. Die

Nase gilt daher auch als ein sehr empfindliches und zugleich verlässliches, da überlebensnotwendiges Sinnesorgan. So sagt man beispielsweise den Duftnoten von Lavendel eine beruhigende Wirkung nach, Pfefferminze klärt den Kopf und hilft nachweislich bei Spannungskopfschmerzen, Orangenblüte belebt, Rose besänftigt. In dem psychologisch und philosophisch fundierten Coaching-Programm, das du hier vorfindest, liegt der Schwerpunkt mehr auf reflexiver Versenkung und Selbsterkundung. Du wirst viele Anregungen zum Lesen, Sehen und Hören bekommen, wirst zum Nachdenken und zu Notizen aufgefordert und es wird sich viel auf der inhaltlichen Ebene abspielen. Gleichzeitig sollst du aber deinen Geist klären können und deinen Körper zur Ruhe kommen lassen – du wirst ins Fühlen kommen. Dies leisten die Rituale und Achtsamkeitsübungen. Und wenn du bereits über einen kleinen, persönlichen Fundus verfügst, gerne räucherst, backst oder dich handwerklich betätigst, dann bringe diese Dinge gerne in den Rauhnachttagen mit ein. Um in die Entspannung und auf die Ebene des Spürens zu gelangen und dich emotional zu öffnen, findest du außerdem für jeden Tag eine stimmungsvolle Musikempfehlung.

## Monkeymind-Management: Meditation und Reflexion

In der indischen Philosophie stellt man sich den menschlichen Geist als einen Affen vor: Ständig springt er aufgeregt kreischend und zeternd von einem neuronalen Ast zum nächsten und gibt keine Ruhe. Hast du schon einmal versucht, an *nichts* zu denken? Den eigenen Affengeist zur Ruhe zu bringen, ist eine wirkliche Herausforderung. Hier setzt die Meditation an: Ziel und Zweck des Meditierens ist die mentale Ausrichtung, sprich: den unruhigen Geist zu fokussieren und sich nicht von den Gedanken daran, was gestern war oder morgen sein wird, befangen zu lassen, sondern sich im Hier und Jetzt zu verankern und sich vom Denken wegzubewegen und ins Fühlen zu kommen. Gleichzeitig kann Meditation aber auch dabei behilflich sein, sich auf die richtigen und hilfreichen Gedanken auszurichten – und sich über den eigenen Weg klar zu werden. Du wirst unter dem Programmpunkt der täglichen Meditation viele verschiedene Ansätze des Meditierens kennenlernen, von visualisierenden bis hypnotischen Techniken, und du erfährst auch, wie du mit diesen gewinnbringend arbeiten kannst.

Bei den täglichen Impulsfragen wird es noch konkreter: Diese kannst du im Rahmen deines täglichen Journalings beantworten. Ein beliebtes Ritual ist in diesem Zusammenhang auch das Führen eines Traumtagebuchs. Das aufmerksame Beobachten und Auseinandersetzen mit den nächtlichen Träumen kann einen Hinweis darauf geben, was dich umtreibt und was im neuen Jahr empfangen oder gelöst werden will. Darum findest du in diesem Buch auch für jeden Tag eine Spalte, in der du gleich morgens nach dem Aufwachen oder beim Frühstück erste Notizen anfertigen und daraus deine persönliche Traumdeutung ableiten kannst. Erinnere dich an die zurückliegende Nacht und versuche das Traumgeschehen in allen Details aufzuzeichnen. An welchen Orten warst du, mit welchen Personen, was hat sich zugetragen? Fallen dir unscheinbare Kleinigkeiten auf, die vielleicht doch eine Bedeutung haben könnten? Dabei kann auch hier der Fokus auf das Fühlen hilfreicher sein als die akribische Analyse: Was hast du im Moment des Traums beim Erleben des Geträumten empfunden? Dokumentiere dies, genauso wie alles, was du vor deinem inneren Auge siehst und was du hörst, welche Gefühle im Moment des Traumerlebnisses in dir aufgestiegen sind. Hast du dich gefreut oder hattest du eher Angst? Was sagt diese Erfahrung über deine momentane Lebenssituation aus? Will hier vielleicht etwas bewältigt werden? Zur tiefer gehenden Selbstvergewisserung dienen außerdem verschiedene psychologische Tests mit Fragebögen und Auswertungen.

Nicht zuletzt findest du jedem Tag ein Krafttier zugeordnet. Die Symbolik des Krafttiers geht auf eine schamanische Tradition zurück und ist ein wunderbares Instrument der Selbsterkenntnis. Die Beschäftigung mit dem Symbolgehalt eines jeweiligen Tieres kann dem menschlichen Gegenüber als Spiegel eines bestimmten Aspekts seiner eigenen Persönlichkeit dienen. Vielleicht fühlst du dich durch das für den jeweiligen Tag genannte Krafttier inspiriert. Vielleicht fällt dir aber auch ein ganz anderes Tier ein, das du mit den genannten Attributen verknüpfst und als Wegbegleiter und Schutzpatron auswählen möchtest. Überlege dir außerdem, wie du dich mit deinem tierischen Seelengefährten verbinden möchtest: in Form eines Talismans wie einem Schlüsselanhänger oder eines PC-Bildschirmschoners? Wie kannst du dein Krafttier zu einem Teil deines Weges machen?

Vielleicht ist dir das eine oder andere zu esoterisch oder zu wissenschaftlich. Fühle dich stets frei, dir aus dem Angebot der Programmpunkte diejenigen Anregungen herauszusuchen, die dich persönlich weiterbringen.

## Die besten Geschichten schreibt das Leben: die Welt der Erzählungen

Ein wesentlicher Bestandteil dieses Coaching-Programms ist die einem jedem Rauhnachttag thematisch zugeordnete und kurz vorgestellte Erzählung, die du unter dem Punkt »Lektüre« findest – mal ist diese der Mythen- und Märchenwelt entnommen, mal handelt es sich um einen Literaturklassiker oder zeitgenössischen Roman. Natürlich beschränken sich die Erzählungen des Lebens nicht auf Bücher und Texte, daher findest du auch zusätzlich noch einen thematisch passenden Filmtipp. Das Geschichtenerzählen hat in den Rauhnächten wie beschrieben eine lange Tradition. Mythen spielen hierbei eine besondere Rolle: Sie sind Parabeln auf die zentralen Fragen des Lebens und Menschseins. Darin sind sie völlig zeitlos. Das Denken, Fühlen und Handeln von Göttinnen und Göttern sind Sinnbilder auf allgegenwärtige Regungen in der menschlichen Seele und bieten ihren Lesern und Leserinnen eine ebenso willkommene Identifikationsbrücke wie eine Romanfigur. Literatur und Film sind Medien der Selbsterforschung, eine Form der Menschenkunde mit poetischen Mitteln. Entscheide dich für das Medium deiner Wahl – oder für beides –, und fühle dich dazu eingeladen, tiefer in die vorgestellten Titel und die erzählten Stoffe einzutauchen.

## In die eigene Mitte finden: sich mit der Natur verbinden

Nicht zuletzt ist natürlich die Verbindung mit der Natur ein wesentlicher Programmpunkt der Rauhnachterfahrung – äußerlich wie innerlich. Die Idee von der Harmonisierung von Mensch und Natur, Leben und Tod eint sämtliche schamanisch-heidnischen Traditionen, von den amerikanischen Ureinwohnern bis zu den alten Rshis in Indien, deren Anfänge bis in die Vor- und Frühgeschichte der Menschheit zurückreichen. Seit alters her ringen unsere Ahnen mit dem Chaos und versuchen, in der ominösen Ordnung des Naturgeschehens ihr Überleben zu sichern: Sie zollen der Urgewalt der Natur Respekt und achten ihr Wirken, sie erkennen, dass sie nicht gegen, sondern mit der Natur leben und sich ins Gleichgewicht von Geben und Nehmen einpendeln müssen. Der frühe Mensch betrachtete die Natur als Lehrmeisterin: Er beobachtete sie genau, um von ihr zu lernen. Heidnische Mythen aus aller Welt zeugen von der Naturnähe der in ihr lebenden ersten Gesellschaften. Der Respekt der heidnischen Urvölker vor den wilden Elementen schlug insbesondere im Laufe der abendländischen Zivilisationsgeschichte jedoch in deren Dämonisierung um. Beseelte Tierwesen wurden zu Bestien, der undurchdringliche Wald zum Hort des Grauens und böser Magie. Gegenwärtig beobachten wir einen Trend zurück zur Natur: Wenn sich im sonntäglichen Gottesdienst die Reihen lichten, heißt das nicht unbedingt, dass eine Gesellschaft weniger spirituell wird: Vielleicht hast auch du dich schon einmal zum Waldbaden verabredet und »Grünkraft« getankt – wie die Klosterschwester Hildegard von Bingen das (göttliche) Elixier der Natur nannte. Zur rauhnächtlichen Meditation zu Hause bilden ausgedehnte Spaziergänge im Freien daher ein geeignetes – und notwendiges – Pendant: Erlebe selbst, wie die klirrend-kalte Winterluft deinen Geist klärt, öffne deine Sinne und verinnerliche den würzig-frischen Geruch der feuchten Erde, um dich von der Kraft durchdrungen zu fühlen, mit der sich schon unsere Ahnen zu verbinden wussten, und der sie in ihrer ganzheitlich ausgerichteten Weisheitslehre nachspürten und uns überlieferten. Es ist diese leibseelische Einheit, auf deren Annahme die moderne humanistische Psychologie ihre Lehre gründet. Geistige Einsicht und leibliche Interaktion mit der Umwelt gehen Hand in Hand. Nutzen wir die Rauhnachttage also zum Ausschwärmen – und wieder Einkehren.

## Die Tage vor den Nächten: letzte Vorbereitungen

Bevor es nun endlich losgehen kann, triff noch ein paar letzte Vorbereitungen: Das Saubermachen und Aufräumen ist seit jeher ein wesentlicher Bestandteil zur Einstimmung auf eine besinnliche Rauhnachtzeit. Was wie beschrieben auf den Bauerngehöften dazu diente, böse Geister und Dämonen aus den Nischen zu vertreiben, wo sie sich verstecken und lauern konnten, gilt auch für den Geist in unseren Köpfen: Um die Reise in dein Inneres ungestört antreten zu können, sorge im Vorfeld für eine behagliche und ordentliche Atmosphäre

und versehe deinen Raum mit Duftkerzen und Räucherwerk. Ganz gleich, an welchem Ort du am liebsten meditierst oder deine Notizen machst, ob auf einer Yogamatte oder mit einer Tasse Tee auf dem Sofa, du wirst feststellen, wie viel leichter es dir fallen wird, innerlich zur Ruhe zu kommen, wenn auch deine Umgebung geklärt und ordentlich erscheint.

Bist du bereit, deine Reise anzutreten?

# Die zwölf magischen Nächte

# 1. Rauhnacht:

## 25. DEZEMBER

| Feiertag/ Gedenktag | 1. Weihnachtsfeiertag |
|---|---|
| Monat | Januar – steht für: Ankommen im neuen Jahr; Altes loslassen; Basis schaffen für Neues |
| Thema | Verwurzelung, Wurzeln stärken; Heimat; Familie |
| Namenstag | Anastasia/Anastasius – frühchristliche Märtyrerin, wird als Schutzheilige bei Krankheiten angerufen |
| Keltischer Baumkalender | Tanne, Lebensbaum der Weitsicht (2.1. bis 11.1.); Ulme, Lebensbaum des Erwachens (12.1. bis 24.1.); Zypresse, Lebensbaum der Ewigkeit (25.1. bis 3.2.) |
| Krafttier | Biber – Bau, schafft solide Basis |

Mit der Verbreitung des Christentums über den europäischen Kontinent wurde eine Vielzahl heidnischer Bräuche mit dem römisch-katholischen Glauben verwoben. Dies erfolgte zum Teil ganz bewusst und gezielt: So sollte dem Volk der Monotheismus schmackhaft und die neue Staatsreligion anschlussfähig gemacht werden. Im 8. Jahrhundert wurde unter Karl dem Großen das Fest der Weihe-Nacht zum offiziellen Weihnachtsfest ernannt. Zu den wohl bekanntesten heidnischen Relikten gehört bis heute der Brauch, einen immergrünen Tannenbaum als Symbol des ewigen Lebens aufzustellen. Die Datierung von Heiligabend liegt kalendarisch nahe an der Wintersonnenwende – und fällt mit den unterschiedlichen Festtagen und Mysteri-

enkulthandlungen der römischen Antike zusammen. So wurden aus Saturnaliengaben Weihnachtsgeschenke. Und wie die Sonne aus dem Schoß der heidnischen Erdenmutter, so wird Jesus in einem finsteren Stall geboren. Im Laufe der Jahrhunderte, beginnend mit der Reformation und dann vor allem im bürgerlichen Biedermeier, gewann der Heilige Abend zunehmend als Familienfest Bedeutung, mit dem das romantische Ideal von Privatheit und Häuslichkeit zelebriert wurde. In der Erfolgsgeschichte des häuslichen Weihnachtsbaums spielte auch die Farbsymbolik eine Rolle: Rot galt als die Farbe der Liebe, des Lebens und der Wärme. Grün repräsentierte die Wiederauferstehung, Leiblichkeit, Hoffnung. Rot und Grün stehen somit für die leibseelische Versöhnung und die Überwindung des Dualismus von Himmel und Erde. Daher rührt auch die Tradition, den grünen Tannenbaum mit roten Äpfeln zu behängen (zugleich eine Erinnerung an den fatalen Baum der Erkenntnis). Vielleicht ein Grund, warum die Tradition des Baums auch heute noch Fortbestand hat: In unserer zunehmend säkularisierten und zugleich effizienzorientierten Gegenwartsgesellschaft verstehen viele Menschen Weihnachten vor allem als das Fest der Liebe – ein Tag, an dem wir unser Heim mit diesen feierlichen Farben ausschmücken und mit unseren Lieben zusammenkommen, sei es die Familie oder andere Herzensmenschen, die wir in unserem Leben als unsere Familie begreifen. Aber auch ein geliebtes Wesen kann Nähe und Geborgenheit schenken: Wer seine vier Wände mit einem Hund oder einer Katze teilt, weiß, wie innig und vertraut sich die Beziehung zu Fellnasen und Vierbeinern gestalten kann.

Die erste Rauhnacht wollen wir daher den eigenen Wurzeln widmen. Unsere Wurzeln verleihen unserem Leben Halt, stärken unsere Resilienz und geben Aufschluss über unsere Herkunft. Unsere Wurzeln sind aber nicht streng festgelegt: Wir können auch Wurzeln schlagen und eine (Wahl-)Heimat suchen. In schamanischen Traditionen werden die inneren Wurzeln auf Körperebene erdnah im Wurzelchakra

lokalisiert (ein Energieknotenpunkt im Bereich des Anus). Dabei müssen Herkunft und Heimat gar nicht unbedingt örtlich oder geografisch verstanden werden: Noch wichtiger als unsere Koordinaten auf einer Landkarte sind die zwischenmenschlichen Bezüge, in denen wir uns bewegen. Heimat ist dort, wo unsere Lieben sind. Vielleicht kennst du bereits die maslowsche Bedürfnispyramide nach dem amerikanischen Psychologen Abraham Maslow: Dieses pyramidenförmige Schaubild hierarchisiert die menschlichen Bedürfnisse vom Fundament bis zur Spitze – dabei finden sich die sozialen Kontakte beziehungsweise Kontakte zu anderen Lebewesen vergleichsweise weit unten angeordnet: Sie sind grundlegend für das menschliche Überleben, nur gemeinsam sind wir stark. Die sozialen Wurzeln sind das Fundament eines sinnerfüllten Lebens und diese Wurzeln wollen gepflegt – regelrecht gedüngt und gewässert – werden.

## Morgenroutine: Meine Traumanalyse

Inhalt meines Traumerlebnisses:

Mögliche Botschaft:

---

---

---

# Meditation: Embodiment

Die Embodiment-These stammt aus der Kognitionswissenschaft und beschreibt in der Psychologie die Wechselwirkung zwischen Körper und Psyche, im engeren Sinne: den Einfluss der Körperhaltung auf das seelische Befinden. So gelten Rückbeugen im Yoga als hilfreich bei Depressionen. Die folgende Körpermeditation findet auch im Berufscoaching Anwendung: Sie stärkt Selbstbewusstsein und Motivation.

Gehe bitte wie folgt vor:

1. Begib dich in eine stehende Position und schließe die Augen. Setze deine Füße hüftbreit auf deinem Untergrund auf und verankere Ferse und Fußballen gut im Boden, sodass du stabil stehst. Richte deinen Rücken auf, deine Schulterblätter ziehen Richtung Steiß, das Brustbein hebt sich. Hebe dein Kinn leicht an und richte deine Wirbelsäule auf zu einer gen Himmel strebenden Säule. Dein Atem fließt ruhig und gleichmäßig.
2. Betrachte vor deinem inneren Auge einen Berg. Stelle dir vor, wie stabil er auf seiner breiten Basis steht und der Sonne entgegenspitzt, wie er Wind und Wetter trotzt und mit dem Himmel ebenso verbunden ist wie mit der Erde.

3. Stelle dir vor, wie du ebenso fest verankert und massiv bist wie der Berg: Dein Unterkörper bildet eine solide Basis, steht unerschütterlich und standhaft und ist fest mit der Erde verbunden. Dein Oberkörper bildet den abschüssigen Hang, dein Kopf die Spitze, die zum Licht strebt.

4. Du spürst die Bodenhaftung deiner Fußsohlen, deine fixe Position: Du fühlst dich unumstößlich, bist geerdet.

5. Du wanderst mit deinen Gedanken den Hang hinauf und beobachtest gelassen das Geschehen rings um dich, das Auf und Ab der Emotionen der Menschenkinder zu deinen Füßen. Das Treiben in dem Bergtal kann dir nichts anhaben, du überdauerst, nichts wirft dich aus der Bahn.

6. Du steigst noch weiter auf, dringst in dünnere Luftschichten vor. Du spürst deinen geöffneten Brustkorb, dein gerecktes Kinn: Die Gedanken sind frei, du hast Raum zum Träumen.

7. Lasse deinen Blick über das Tal und die anderen Gebirgsketten streifen und orientiere dich wieder an der Realität.

8. Was sind deine nächsten Ziele?

9. Was willst du in naher Zukunft erreichen?

10. Was ist realistisch und praktikabel?

11. Verweile in deiner massiven Haltung und schöpfe Kraft für die vor dir liegende Tour.

12. Bedenke zugleich, ob du genügend Pausen und Zwischenhalte eingeplant hast. Nimm deinen inneren Berg nochmal als Gesamtheit wahr und pendele dich zwischen Freiheit und Verwurzelung ein …

13. Dann ziehe deine Gedanken allmählich aus der Vorstellung zurück und finde dich wieder in deinen aufrecht stehenden Körper ein.

14. Wie fühlt sich dein Körper nun an?

15. Wie fühlt es sich an, so aufgerichtet und massiv zu stehen?

16. Welche Wirkung hat diese Haltung auf dein mentales Erleben und dein emotionales Befinden?

17. Beobachte noch eine Weile die Wechselwirkung zwischen Körper- und Geisteshaltung und öffne dann deine Augen. Du fühlst dich bereit für die vor die liegenden Aufgaben.

## Impulsfragen/Journaling

Worin besteht dein soziales Netz, das dich auffängt? Ist es deine Familie, sind es deine Freunde oder hast du ein Lebewesen, das dir ans Herz gewachsen ist?

_____

_____

_____

Wie oft verbringst du bei aller Arbeit genug Zeit mit deiner Familie, deinen Liebsten? Was könntest du an Ballast abwerfen, um dir hierfür noch mehr Zeit nehmen zu können?

_____

_____

_____

_____

Wo fehlt womöglich etwas an deiner Basis in deinem Leben? Fühlst du dich in deinem Leben beheimatet und stabil oder eher entwurzelt und orientierungslos? An welchem Ort schlägst du Wurzeln?

---

Wann hast du das letzte Mal etwas gegeben, ohne eine Gegenleistung zu erwarten? Wer könnte vermehrt deine Hilfe gebrauchen?

---

## Psychologischer Test

Der Mensch ist ein ungeselliges Herdentier, wie der große Philosoph Immanuel Kant trefflich festgestellt hat: Wir brauchen andere Menschen ebenso, wie wir Zeit für uns allein brauchen. In diesem Test erfährst du, wohin du mehr tendierst: zum Herden- oder Eremitendasein. Vergebe zu jeder Aussage Punkte auf einer Skala von 0 bis 5, wobei 0 bedeutet »trifft überhaupt nicht zu« und 5 »trifft absolut zu«. Addiere das Ergebnis unter den zugehörigen Buchstaben.

Ich mache mich für Inklusion stark. **A**

Ich störe mich nicht daran, allein in den Urlaub zu
fahren oder allein in ein Restaurant zu gehen. **E**

Die Erhöhung der Benzinpreise zum Schutz der
Umwelt finde ich richtig. **A**

Ich möchte, dass etwas von mir bleibt. **F**

Das eigene Leben sollte generativ fortgesetzt werden. **F**

Ich möchte finanziell unabhängig sein. **E**

Soziale Gerechtigkeit finde ich wichtiger als
wirtschaftlichen Aufschwung. **A**

Ich wäre bereit, ein Ehrenamt im Kindergarten, Altenheim
oder in sonst einer sozialen Einrichtung zu übernehmen. **F**

Bei einer künstlerischen Tätigkeit komme ich in den Flow. **K**

Wenn ich eine brenzlige Situation beobachte, greife ich
couragiert ein. **A**

Zeit mit meiner Familie zu verbringen, ist mir wichtiger,
als Freundschaften zu pflegen. **F**

Ich würde mich als einfallsreich und fantasievoll beschreiben. **K**

Ich will flexibel und ungebunden sein. **E**

Die Kulturzeugnisse der Menschheitsgeschichte haben
für mich etwas geradezu Heiliges.

K

Ich bin anderen Menschen ungern etwas schuldig.

E

Der kreative Ausdruck ist aus meinem Leben nicht
wegzudenken.

K

| Gesellig-keitstyp | Aktivist*in | Familien-mensch | Künstler*in | Eigen-brötler*in |
| --- | --- | --- | --- | --- |
| Punkte | | | | |

## Auswertung

**Aktivist*in:** Du bist ein durchweg politischer Mensch und glaubst daran, dass eine bessere Welt im Hier und Heute möglich ist. Du glaubst an das Leitbild großer Ideen und deren praktische Machbarkeit. Menschen wie du sind der Motor der Geschichte.

**Familienmensch:** Deine Familie geht dir über alles und du bist friedliebend und harmonisch. Du bist frei von Machtgefühlen und suchst das Glück im Kleinen, Privaten. Menschen wie du sind die Säulen der Gesellschaft.

**Künstler*in:** Du stellst dein Leben in den Dienst des kreativen Ausdrucks und blühst im Schaffensprozess auf. Du glaubst an die Kunst wie an eine Religion. Menschen wie du sind das Salz der Erde.

**Eigenbrötler*in:** Du schöpfst aus deiner individuellen Persönlichkeit und beschreitest neue Pfade. Das Gewöhnliche gibt der Welt ihren Bestand. Menschen wie du weisen den Weg zu Innovationen.

## Ritual

Alle Jahre wieder erfolgt der Ansturm auf die Kaufhäuser und wuchten die Paketboten unzählige Sendungen aus dem Onlinehandel vor unsere Haustüren. Doch ein neuer Trend bricht sich im »spätkapitalistischen« Zeitalter Bahn: Dieses Jahr schenken wir uns vor allem – Zeit. Auch Geschenke muss man nicht zwingend einfach nur als Konsumgüter betrachten; sie können vielmehr, ohne viel Geld gekostet zu haben, eine Geste der Liebe und Zuwendung sein: Versuche deinen Liebsten etwas Persönliches, vielleicht sogar selbst Gebasteltes zu schenken, das sie spüren lässt, was sie dir wert sind. Worüber freut sich der andere? Geschenke sind Ausdruck von Einfühlungsvermögen. Welches Präsent trägt deine Handschrift und drückt die individuelle Beziehung aus, in der du zu der beschenkten Person stehst? Vergiss nicht die liebevolle Verpackung und ein paar herzliche Zeilen – dann ist weniger mehr und dann stellt eine kleine, aber feine Aufmerksamkeit eine ganze Armada an Geschenken unter dem Baum in den Schatten.

In alten Zeiten machte man auch der Natur und ihren Geistern Geschenke in Form von Opfergaben. Du kannst das auch heute noch tun, beispielsweise mit einem Vogelhäuschen, das du pünktlich zu Heiligabend mit frischem Futter bestückst, und dich so in den natürlichen Kreislauf von Geben und Nehmen einpendeln.

# Dein persönliches Krafttier

Was ist heute dein persönliches Krafttier? Kannst du dich dem Biber anvertrauen oder schwebt dir ein anderer Patron vor? Wie willst du dich mit deinem tierischen Seelengefährten verbinden?

# Lektüre

Charles Dickens: *Der Weihnachtsabend. Ein Weihnachtslied in Prosa oder: Eine Geistergeschichte zum Weihnachtsfest* (1843)

Ein Weihnachts- und zugleich Rauhnachtklassiker: Der geizige Grant und Weihnachtsmuffel Ebenezer Scrooge bekommt an den drei Weihnachtsnächten Besuch von seinem verstorbenen Geschäftsteilhaber Jacob Marley und drei weiteren Geistern: den Geistern der Zukunft, Gegenwart und Vergangenheit. Sie lehren ihn, sein Leben positiver auszurichten. Dickens' Weihnachtsgeschichte ist ein Paradestück auf das Fest der Liebe und Menschlichkeit.

# Musikempfehlung

Heather Woods Broderick: *Invitation* (2019)

Die auf dem Album versammelten Stücke der US-amerikanischen Singer-Songwriterin schwelgen in der akustischen Schwerelosigkeit zwischen Folk, Jazz und Dream Pop und verführen ins melodische Schattenreich bittersüßer Melancholie – ein Hörgenuss in der winterlichen Abenddämmerung.

# Filmtipp

*Hachiko – Eine wunderbare Freundschaft* (USA 2009)

Der Akita-Rüde, der auch nach dem Tod seines Herrchens jeden Tag vor dem Bahnhof wartet: Lasse Hallström berührt mit seiner auf einer wahren Begebenheit beruhenden Filmadaption *Hachiko – Eine wunderbare Freundschaft* nicht nur Hundeliebhaber. Dem tatsächlichen Hachiko gedenkt am Shibuya-Bahnhof in Tokio heute eine Bronzestatue.

# 2. Rauhnacht:

## 26. DEZEMBER

| Feiertag/ Gedenktag | 2. Weihnachtsfeiertag |
|---|---|
| Monat | Februar – steht für: Verbindung mit dem inneren Licht, dem höheren Selbst |
| Thema | Selbstfürsorge; innere Mitte; Balance |
| Namenstag | Stephanus (Stephan/Stefan, Stephanie/Stefanie) – gehört zu den Diakonen der christlichen Urgemeinde; erster Märtyrer des Christentums |
| Keltischer Baumkalender | Pappel, Lebensbaum der Selbsterkenntnis (4.2. bis 8.2.); Zeder, Lebensbaum des Mysteriums (9.2. bis 18.2.); Kiefer, Lebensbaum der Geduld (19.2. bis 29.2.) |
| Krafttier | Bär – Ruhe; Regeneration |

Einer der zentralen buddhistischen Grundsätze besagt: Wir müssen mit den eigenen Kräften haushalten und Ressourcen schonen, um auch für andere da sein zu können. Selbstfürsorge, schon in der abendländischen Antike bekannt als *cura sui* (Sorge für sich), ist daher keine Form von Egoismus, sondern bedeutet immer auch Selbsterhaltung im Dienst des Nächsten. An den Weihnachtsfeiertagen verlangt die Familie oft viel von ihren Mitgliedern. Nicht wenige Menschen geben in Befragungen an, froh zu sein, wenn die Festtage ohne innerfamiliären Stress und Streit überstanden sind. Vielleicht kannst du heute auch Zeit für dich finden und diesen Tag deiner persönlichen Regeneration

widmen. Wir Menschen brauchen, wie schon der Philosoph Immanuel Kant feststellte, den Ausgleich zwischen Gemeinschaft und Rückzug ebenso wie die Balance von Herz und Verstand. Der gestrige Tag war dem Wir gewidmet, heute darf das Ich seine Ansprüche anmelden.

Unsere gegenwärtige Lebenswirklichkeit ist geprägt von Leistungsdruck und Effizienzdenken: Die meisten von uns stehen beruflich oder privat unter dauerhafter Anspannung. Betrachte dieses Rauhnacht-Coaching daher gerne als deine persönliche Burn-out-Prävention: Dein Körper ist mehr als nur ein Gehirntaxi und nicht nur dazu da, um das Gehirn von A nach B zu transportieren. Wertschätze daher deinen Körper, achte auf seine Grenzen und auch auf die Grenzen deiner Ressourcen. Übe dich bei aller Leistungsbereitschaft stets in Selbstliebe und Selbstakzeptanz, baue dein Leistungsdenken ab und versöhne dich mit den eigenen physischen Möglichkeiten. Betreibe keine Selbstausbeutung, um fremde Erwartungen zu erfüllen. Eine für dich hilfreiche Autosuggestion hierzu könnte lauten: »Ich arbeite nach bestem Wissen und Gewissen und mehr kann ich nicht tun.« Vor allem solltest du dich nicht verausgaben in Anbetracht der Tatsache, dass der Erfolg unseres Tuns immer auch von dem Gutdünken anderer Menschen abhängig ist. Wenn du für deinen Job brennst, achte darauf, dein Herzblut immer wohldosiert in deine Arbeit zu gießen, da die Anerkennung unserer Leistung oft in fremden Händen liegt. Lerne, die Alarmsignale zu deuten, die ein gebeutelter Körper seinem überfordernden Wirt sendet, und versöhne dich mit deinen physischen Grenzen. Dein Körper ist nicht einfach nur ein Gehäuse, er ist dein Kommunikationspartner und deine Lebensgrundlage. Er ist ein zerbrechliches Wunderwerk, in dem eine Eigenschaft die andere bedingt: Die Raffinesse dieses Organismus geht mit Anfälligkeiten einher. Nimm seine Schwächen an als Charakteristikum seiner Komplexität. Und jeder Körper hat andere Schwachstellen, kein Menschenkörper ist unverwüstlich. Behandle ihn daher pfleglich und respektvoll, damit

er dir noch lange seine wunderbaren Dienste erweisen kann. Beute ihn nicht aus und respektiere die Grenzen, die er dir setzt. Das höchste Glück des Menschen ist die Gesundheit (frei nach Schopenhauer).

## Morgenroutine: Meine Traumanalyse

Inhalt meines Traumerlebnisses:

_____

_____

_____

_____

_____

Mögliche Botschaft:

_____

_____

_____

_____

_____

# Meditation:
## Reise durch die fernöstlichen Koshas

Die sogenannten Koshas beschreiben in der fernöstlichen Philosophie die Körperhüllen, je nach Grad ihrer Beschaffenheit fein- oder grobstoffliche Ebenen der leibseelischen Natur des Menschen. Diese Meditation soll dich lehren, wie untrennbar Körper und Geist miteinander verschränkt sind, und es dir erleichtern, dich in diesen miteinander interagierenden Ebenen zu orientieren.

Gehe bitte wie folgt vor:

1. Lege dich auf den Rücken. Komme zur Ruhe, richte es dir bequem auf deiner Matte oder dem Untergrund deiner Wahl ein. Deine Beine ruhen hüftbreit auf der Matte, die Füße sinken nach außen; die Arme liegen mit geöffneten Achseln neben dir auf dem Boden, die Handinnenfläche sind nach oben geöffnet. Rücke das Kreuzbein ein wenig nach vorne, sodass die Lendenwirbelsäule nicht ins Hohlkreuz kippt. Die Halswirbelsäule wird auch im Liegen lang, das Kinn neigt sich leicht Richtung Brustbein, die Schultern sind von den Ohren weggezogen. Dann schließe die Augen, lasse die Augenlider ganz weich werden und atme tief in den Bauch ein.

2. Versenke dich zunächst in Annamaya Kosha, die erste und äußerste Hülle des festen, physischen Körpers, des grobstofflichen Körpers, die sogenannte Nahrungshülle, die von unserer Umwelt und ihren Quellen unmittelbar gespeist und genährt wird. Nimm dazu die Formation deines Körpers wahr, erfahre, an welcher Stelle dein Körper endet, vermesse in deiner Vorstellung deine individuelle Anatomie.

3. Vertiefe dich gedanklich in das skelettale Gerüst deiner Proportionen: die Breite deines Beckens, die Länge deiner Beine, die Tiefe deines Brustkorbs ... Spüre in deine Muskulatur und ihre faszialen

Bindestrukturen hinein. Fühlen sich deine Muskelspindeln gestärkt und die Faszien elastisch an? Oder verlangt dein Unterhautgewebe danach, gekräftigt und gespannt zu werden? Kann die Lymphe frei und beweglich fließen, fühlen sich deine Glieder geschmeidig genug an? Scanne deinen Körper einmal in Gedanken vom Scheitel bis zur Sohle und versuche, deine Sehnen und Bänder zu lokalisieren, die deinen Bewegungsapparat zusammenhalten. Wie geht es deinen Gelenken, sind sie gut geschmiert und mobil oder fühlen sie sich steif an und verlangen nach mehr Bewegung? Wenn du den Drang verspürst, in diesem Moment ein Körperteil zu strecken oder zu bewegen, dann gib diesem Impuls jetzt nach und komme dann wieder in deine Ausgangshaltung zurück.

4.  Spüre auch in deine Haut hinein, die äußerste Begrenzung deines physischen Körpers, nimm die Kleidung auf deiner Haut wahr, den Widerstand deines Untergrunds. Erfahre den Bodenkontakt deiner Körperrückseite, scanne deinen Körper von Kopf bis Fuß, um zu prüfen, welche Partien auf dem Untergrund aufliegen. Falte deine Hände ineinander und spüre, wie die Hautflächen aufeinanderliegen. Qualifiziere in Gedanken die unterschiedlichen Kontaktflächen: den haptischen Eindruck von Hautkontakt, Kontakt mit Textilien, mit deinem Untergrund oder auch einfach nur den Kontakt mit der Luft. Die äußerste Hülle ist diejenige Hülle, in der wir am längsten verweilen. Annamaya Kosha spüren wir am besten, hier können wir das Wahrgenommene am präzisesten beschreiben.

5.  Tauche dann in die zweite Schicht ein, Pranayama Kosha, der Pranakörper, Energiekörper oder auch Äther- oder Atemkörper genannt, der unserem grobstofflichen Körper das Leben einhaucht und über den wir uns jeden Augenblick mit der Atmosphäre verbinden, indem wir Sauerstoff aufnehmen und Kohlenstoffdioxid wieder in diesen abgeben. Konzentriere dich auf die Wahrneh-

mung der Körperfunktionen von Lungen- und Herzkreislauf, die Lebensenergie (Prana) durch deinen Körper lenkt: Richte deine Aufmerksamkeit auf deine Atmung und verfolge deinen Puls.

6. Lege deine Hände auf die Brust und schicke deinen Atem unter das Brustbein. Nichts ist so essenziell für unser Überleben wie die Atmung. Und nichts in der Natur ist so frei verfügbar wie Luft. Im Laufe deines Lebens nimmst du etwa 200 Millionen Atemzüge. Versuche dich ganz bewusst mit deiner Atmung und dem Hier und Jetzt zu verbinden. Dein Atem wird langsamer und gleichmäßiger und der Herzschlag entschleunigt sich. Mit jedem Atemzug flutest du deinen Körper mit Prana, streift ein Energiewind, genannt Prana-Vayu, durch das Geflecht deiner Arterien und reichert deine Zellen an. Stelle dir vor, wie du mit deinem nächsten Einatmen den Sauerstoff, die Pranaenergie, bis in die Zehenspitzen schickst. Dann lege deine Hände auf den Bauch und atme tief in den Bauch ein. Wölbe deinen Bauchraum weit auf und schiebe dein Zwerchfell bewusst nach unten, um inneren Raum zu schaffen und Weite atmen zu können. Konzentriere dich auf deine Verdauung. Ist dein Bauch leer oder gut gefüllt oder hast du gar übermäßig viel gegessen? Arbeitet dein Magen-Darm-Trakt gerade? Spüre in dein Agni hinein, dein Verdauungsfeuer, dein Samana-Vayu, das in deinem Bauchraum rotiert und deine Nahrung für dich verwertet und durch die Darmwand in den Blutkreislauf schickt, um den Organismus zu nähren. Lege den Zeige- und Mittelfinger deiner rechten Hand an deine linke Halsschlagader. Wechsle die Seiten. Lege eben jene Finger nun an deinen Unterarm und fühle die Pulsader. Unterscheidet sich die Intensität deines Pulsschlags zwischen den beiden Seiten und der Fühlstelle an Hals und Unterarm? Verweile mit deiner Aufmerksamkeit dort, wo du den Puls am deutlichen glaubst zu spüren. Spüre den Puls des Lebens, der zuverlässig in dir pocht und dich mit allem übrigen Sein verbindet.

7. Steige weiter hinab in Manomaya Kosha, den Mentalkörper. Begib dich nun auf die Ebene der Wahrnehmung von Gedanken und Gefühlen, die Ebene, auf der die Bewertung von Gedanken und Vorstellungen erfolgt, die Gefühle erzeugen und auch entsprechende körperliche Reaktionen auslösen kann, auch Informationskörper genannt. Versuche, auf Distanz zu deinem inneren Bewertungssystem zu gehen. Rücke ab von der emotionalen Färbung deiner Gedanken, unterlasse die positive oder negative Beurteilung von Eindrücken und Erfahrungen, die in diesem Augenblick auf dich einwirken, und nimm sie stattdessen in ihrem neutralen Sosein wahr.

8. Lege deine Hände auf die Stirn. Spüre, wie die Stirn warm wird. Die Muskeln entspannen sich. Und versuche jetzt, auch deine Gedanken zu entspannen, in der Wärme zerfließen zu lassen, in einen inneren Ozean thematischer Leere, in der nur der Klang des augenblicklichen Seins tönt.

9. Dringe nun in die nächste Schicht vor, Vijnanamaya Kosha, der Kausalkörper, die intuitive Ebene, die Ebene, auf der Informationen von Manomaya Kosha vernünftig abgewogen werden können und auf der du ins bewusste Handeln kommen kannst. Es ist eine Ebene, auf der sich dein augenblickliches Befinden spiegelt, das gefühlte Resultat deiner vorherigen Gedanken, von denen du entweder überwältigt wurdest und in ein Gefühlschaos gestürzt bist oder einen Zustand von heiterer Ruhe erlangt hast und in Gleichmütigkeit gegenüber dem inneren Brausen verweilst. Was fühlst du? Hier und jetzt? Lasse das Gefühl ziehen, beschreibe es objektiv und neutralisiere es auf diese Weise. Identifiziere dich nicht vollständig mit dem Gefühl. Die Gefühle kommen und gehen wie die Gedanken und nutzen unser Bewusstsein als Projektionsfläche. Wie bewertest du dein gegenwärtiges Leben? Versuche, von allen Zusammenhängen abzurücken und dich voll und ganz in die Tatsache deines augenblicklichen, friedlichen Körper-

Seins zu vertiefen. Versuche mit jedem Mal, mit dem du dich in die Koshas versenkst, mehr ins körperliche Spüren und ins augenblickliche Sein zu gelangen.

10. Lege deine Hände auf die Brust, beachte, wie unter Auflage deiner Handinnenfläche sich die Körperwärme in den Zwischenräumen deiner Finger und Rippen staut und in deine Brust einsickert. Dir wird wortwörtlich warm ums Herz, dir kann das Herz aufgehen.

11. Und schlussendlich dringst du in die letzte Hülle vor: Anandamaya Kosha (von Sanskrit *Ananda*: Glückseligkeit) bezeichnet die tiefste, innerste Hülle der Seele, die du mit dieser Meditation ins Gleichgewicht zu bringen versuchst. Es ist das seiende Selbst, das das meinende Selbst überwunden hat und mit sich im Reinen ist.

12. Stelle dir die positive Aura deines Körpers vor. Jeder Mensch hat eine Aura, eine Ausstrahlung, ein Charisma, das aus seinem Innersten kommt und nach außen dringt. Spüre die Ausstrahlung deines augenblicklich entspannten Daliegens, der inneren Ruhe, und verharre nun einige Zeit in diesem Zustand.

13. Dann beginne dich zu recken und zu strecken wie nach einem erholsamen Schlaf. Komme langsam wieder zurück ins Hier und Jetzt. Sammle dein Udana-Vayu, die Energie, die in deiner Kehle sitzt und die Artikulationslaute aushaucht, und stimme zum Abschluss dieser Meditation ein langes Ommm an, die Frequenz und der Urlaut Brahmans. Wahlweise kannst du das Ommm auch innerlich tönen.

# Impulsfragen

Hast du genug Zeit für dich oder das Gefühl, stets verfügbar sein zu müssen? Überlege, wo es dir an deiner »Me-Time« fehlt und wie diese sich besser in deinen Alltag integrieren lässt.

_____

_____

_____

_____

Fällt es dir schwer, Grenzen zu ziehen, oder kannst du auch einmal Nein sagen? Wann hast du das letzte Mal eine notwendige Grenze gezogen – und in welchem Lebensbereich solltest du dies dringend tun?

_____

_____

_____

_____

Schenkst du deinem Bedürfnis nach Ruhe und Regeneration genug Aufmerksamkeit? Welche Inseln und Ruhepole könntest du in deinen Alltag einbauen?

Wo fühlst du dich fremdbestimmt und was könnte der erste Schritt zu mehr Selbstbestimmung sein?

# Psychologischer Test

Im psychologischen Modell der fünf inneren Antreiber der Transaktionsanalyse (TA) werden fünf Stressfaktoren benannt, die dir vielleicht auch bekannt sein dürften. Welche dieser folgenden Sätze klingen auch des Öfteren in dir an? Vergib in den fünf Rubriken Punkte auf einer Skala von 0 »trifft gar nicht zu« bis 3 »trifft absolut zu« und trage in der Auswertung die jeweilige Summe ein. Bei einer moderaten Bewertung im Bereich 1 bis 2 kann dieser Antreiber auch förderlich sein. Häufen sich aber die Bewertungen mit 3, so deutet dies auf einen Stressor hin.

Ich komme lieber fünf Minuten zu früh als zu spät. **E**

Gut ist für mich nicht gut genug. **A**

Ich gewähre anderen ungern Einblicke in mein Innenleben. **D**

Obwohl ich mich so anstrenge, will mir vieles nicht gelingen. **C**

Ehrgeiz ist eine meiner hervorstechendsten Eigenschaften. **C**

Eine Bitte kann ich jemandem schlecht abschlagen. **B**

Über die Ergebnisse meiner Arbeit kann ich mich oft nicht freuen. **A**

Ich bin vielleicht manchmal etwas streng mit meiner Beurteilung anderer Menschen. **D**

Man sagt mir nach, ich sei reserviert und unnahbar. **D**

Beim Telefonieren erledige ich oft noch Dinge nebenbei. **E**

Ich stelle meine Wünsche zugunsten anderer zurück.   **B**

Ich bitte selten und ungern um Hilfe.   **D**

Ich habe ständig das Gefühl, dass mir die Zeit davonläuft.   **E**

Ich habe aufgehört, meine Überstunden zu zählen.   **C**

Es fällt mir schwer, Grenzen zu ziehen, aus Angst
Ablehnung zu erfahren.   **B**

Die perfekte Performance boostert mein Selbstbewusstsein.   **A**

Manchmal fühle ich mich wie ein Sisyphos.   **C**

Ich bin konfliktscheu.   **B**

Ich habe oft Angst, dass mein*e Vorgesetzte*r nicht mit
mir zufrieden ist.   **B**

Anderer Menschen Schludrigkeit macht mich rasend.   **A**

Ich neige manchmal zu unüberlegten Schnellschüssen.   **E**

Ich gebe meine Arbeit erst dann ab, wenn ich mir
100 % sicher bin.   **A**

Geduld ist nicht meine Stärke.   **E**

Erfolge fallen nicht vom Himmel. Harte Arbeit wird belohnt.   **C**

Ich trenne Berufliches konsequent von Privatem.   **D**

## Auswertung

### A: Mach bloß keinen Fehler!

Genauigkeit und Perfektionismus bilden den ersten inneren Antreiber. Du bist Mitarbeiter*in des Monats mit dem tadellosen Kostüm oder Anzug, der oder die alles korrekt machen will. Irren ist menschlich – habe den Mut, ein Mensch zu sein.

### B: Mach dich bloß nicht unbeliebt!

Freundlichkeit und Liebenswürdigkeit charakterisieren die gute Seele im Büro, die nicht Nein sagen kann, aus Angst Ablehnung zu erfahren. Doch Integrität ist das, was wirklich zählt. Dafür werden dich nicht alle lieben.

### C: Streng dich bloß genug an!

Gründlichkeit und Durchhaltevermögen sind deine Kardinaltugenden. Du bist der/die Unerbittliche, berühmt-berüchtigtes Arbeitstier. Doch denke daran: Wir müssen 200 % wollen, um 90 % zu erreichen. Doch wenn du ein Burn-out erleidest, wirst du nicht mehr 90 %, sondern 0 % erreichen.

### D: Du musst stark sein!

Und du darfst bloß keine Schwäche zeigen, sonst wirst du von den anderen als Versager*in wahrgenommen. Und hier gilt: Wenn Irren menschlich ist, macht auch Verletzlichkeit dich menschlich.

### E: Beeil dich!

Du fühlst dich ständig unter Zeitdruck und/oder hast Angst, etwas zu verpassen. Entschleunige: Wo weniger Hetze ist, geht weniger zu Bruch und du kommst schneller und sicherer ans Ziel.

# Ritual

Am zweiten Rauhnachttag wollen wir unseren Kraftort aufsuchen, in Gedanken oder an einem tatsächlichen Ort. Kraftorte gehen auf eine schamanische Praxis zurück und sind ausgewählte Ritualstätten. Jeder von uns hat schon einmal die Erfahrung gemacht, dass er sich an einem bestimmten Fleck besonders wohl und behaglich fühlt. Wir alle haben in unseren eigenen vier Wänden unsere Lieblingsecken und nehmen auf dem Weg zur Arbeit bevorzugte Routen – unsere Umräume sprechen uns auf eine Art und Weise, die wir oft nicht genau benennen können, atmosphärisch an. Der aktuelle Interiortrend des Urban Jungle gestaltet das eigene Zuhause zum heiligen Hain – mit Zimmerpflanzen, Wandgrün und Bastmaterialien. Ein nur allzu deutlicher Indikator für die weit verbreitete Sehnsucht nach einer Verbindung zur Natur, wie sie uns in Zeiten von weiß glänzendem Apple-Design und aufpolierten Chromflächen ein wenig abhandengekommen zu sein scheint.

An deinem persönlichen Kraftort geht es darum, bei dir anzukommen, in die Stille zu gelangen und dich zu erholen. Bleibe mit dir verbunden und bewahre in heiklen Situationen ruhig Blut, indem du gedanklich oder tatsächlich deinen vertrauten Ort aufsuchst und, je nachdem ob sich dieser Ort für dich draußen oder drinnen befindet, auftankst. Das Imaginieren von Kraftorten kann daher auch hilfreich sein, um situative Ängste zu bewältigen, wie zum Beispiel bei einem Zahnarztbesuch: Wenn du dich in einem beklemmenden Moment wiederfindest, suche in Gedanken deinen Kraftort auf. Welcher Ort gibt dir Sicherheit, mit welchem Ort verknüpfst du schöne Gedanken? Was hörst, siehst, riechst du an diesem Ort? Statte ihn mit Details aus. Mache es dir bequem, füge dem Ort diejenigen Requisiten hinzu, die du brauchst, um dich dort wohl und geborgen zu fühlen. In deiner Vorstellung kannst

du alles erstehen lassen, was du willst und brauchst: Luftschlösser bauen, dein Setting mit Krafttieren bevölkern und mit schmeichelnden Farben ausstatten. Den Kelten dienten auch Runen als Schutzsymbole. Sie wurden als Talisman oder Amulett am Körper getragen. Runen sind Zauberzeichen, geheimnisvolle Chiffren, magische Symbole für rätselhafte Sachverhalte in der Welt. Runen-Inschriften wurden wiederum zum Orakeln verwendet. Vielleicht hast auch du einen solchen Talisman oder ein Schmuckstück, das du stets bei dir trägst.

## Dein persönliches Krafttier

Was ist heute dein persönliches Krafttier? Kannst du dich dem Bären anvertrauen oder schwebt dir ein anderer Patron vor? Wie willst du dich mit deinem tierischen Seelengefährten verbinden?

# Lektüre

Miriam Meckel: *Brief an mein Leben – Erfahrungen mit einem Burnout* (2010)

In ihrem Erfahrungsbericht *Brief an mein Leben* arbeitet die Kommunikationswissenschaftlerin Miriam Meckel ihre Burn-out-Erkrankung auf. Ihr authentisches Buch wurde 2015 von Urs Egger mit Marie Bäumer in der Hauptrolle unter dem gleichnamigen Titel sehr überzeugend verfilmt.

# Musikempfehlung

Nick Cave: *Ghosteen* (2019)

Das australische Multitalent Nick Cave – Musiker, Dichter, Schauspieler und Drehbuchautor – hat mit *Ghosteen* eines seiner meditativsten Alben aufgelegt, das sich mit der thematischen Trias von Glaube, Liebe und Hoffnung auseinandersetzt.

# Filmtipp

*Koyaanisqatsi* (USA 1982)

Der zeitdiagnostisch-zivilisationskritische Kunstfilm *Koyaanisqatsi* von Godfrey Reggio unternimmt eine meditative Reise entlang von Bildsequenzen, die die Verschränkung der Lebenssphären von Kultur und Natur illustrieren, begleitet von der atmosphärischen Filmmusik von Philipp Glass.

# 3. Rauhnacht:

## 27. DEZEMBER

| | |
|---|---|
| **Feiertag/ Gedenktag** | Fest des heiligen Apostels und Evangelisten Johannes |
| **Monat** | März – steht für: Frühlingsbeginn; Aufbruch; Neubeginn |
| **Thema** | Herzöffnung; sich dem Wunder öffnen |
| **Namenstag** | Johannes – engster Vertrauter Jesu; Apostel und Evangelist |
| **Keltischer Baumkalender** | Weide, Lebensbaum der Vitalität (1.3. bis 10.3.); Linde, Lebensbaum der Harmonie (11.3. bis 20.3.); Eiche, Lebensbaum der Stärke (21.3.); Haselnuss, Lebensbaum der Wahrheit (22.3. bis 31.3. |
| **Krafttier** | Löwe – Offenheit; Großmut |

Die Weihnachtsfeiertage sind vorüber, die öffentliche Infrastruktur wird teilweise wieder hochgefahren, wir tasten uns allmählich zurück in den Alltag. Der Monat März demonstriert: Die Natur macht sich bereit – und so heißt es auch für uns: Die Tür mach auf, die Tor mach weit. Ein wichtiger Bestandteil des zwölftägigen Coachings ist daher die sogenannte Herzöffnung; dies bedeutet, dich zu öffnen für das, was das neue Jahr bringt. In der Tradition der Rauhnächte hat man zu diesem Zweck versucht, die Zeichen der Natur zu deuten und aus diesen Handlungsempfehlungen abzuleiten.

Im Laufe unserer Erziehung und Sozialisation lernen wir häufig, aus kulturellen oder strategischen Gründen unsere Gefühle zu unterdrücken, wir verkaufen unseren Seelen und machen unser Herz zur Mördergrube (was natürlich metaphorisch zu verstehen ist). Bei der Herzöffnung, die im Schamanismus mit dem Energiezentrum des Herzchakras assoziiert wird, geht es darum, Gefühle anzunehmen und auszudrücken, öfter auf die Intuition zu hören und weniger zu kalkulieren – sich zu trauen, das Herz auf der Zunge zu tragen und sich vom Ballast der Verschwiegenheit zu befreien. Feeling is Healing. Herzöffnung heißt, dem Menschen, dem man sich öffnet, zu vertrauen und hingeben zu können. Auf diese Weise gelangen wir in den Fluss und Einklang mit unserer urtümlichen, inneren Natur: dem Bauchgefühl und der Intuition.

Das Bekenntnis des Menschen zu sich als fühlendes Wesen macht ihn auch zu einem besseren Mitmenschen, denn als fühlendes Wesen verhalten wir uns in unsere Beziehungen weniger berechnend. Daher geht es bei der Herzöffnung auch darum, Mitgefühl und Nächstenliebe, aber auch Selbstliebe zu kultivieren, um andere Menschen lieben zu können. Sei nicht zu kritisch mit dir und anderen, sondern verfahre liebevoller mit der Welt – es kommt zu dir zurück. Und sei bitte auch liebevoll mit deiner eigenen Person.

Nicht zuletzt geht es bei der Herzöffnung natürlich auch um die großen Leidenschaften: Die Frage nach den Aufgaben und den Menschen, für die dein Herz brennt, für das, was dich täglich inspiriert und antreibt.

## Morgenroutine: Meine Traumanalyse

Inhalt meines Traumerlebnisses:

_____

_____

_____

Mögliche Botschaft:

_____

_____

_____

## Meditation: Reflexion auf die Liebe

Im ursprünglichen Sinne meint eine Meditation (abgeleitet vom lateinischen *meditatio*) eine Technik des gedanklichen Fokussierens. In dieser Meditation wollen wir eine philosophische Reflexion anstellen: Wir reflektieren auf die Liebe und suchen im Anschluss an das Denken das Fühlen. Was ist das Wesen der Liebe, welche Formen von Liebe gibt es? Und wie erleben wir diese?

Gehe bitte wie folgt vor:

1. Begib dich in eine bequeme Sitzposition, im Schneider- oder Fersen-sitz, und schließe die Augen. Richte deine Wirbelsäule auf, als wür-dest du an einem unsichtbaren Faden Richtung Decke gezogen wer-den, verankere deine Sitzbeine gut im Boden. Die Ohren ziehen von den Schultern weg, deine Schulterblätter schmelzen Richtung Steiß und dein Brustbein hebt sich. Dann bilde mit deinen beiden Hän-den eine Schale, wobei die Handinnenflächen nach oben zeigen. Versuche, dich ganz bewusst mit deiner Atmung und dem Hier und Jetzt zu verbinden. Dein Atem wird langsamer und gleichmäßiger und dein Herzschlag entschleunigt sich. Du trägst ein Konstrukt aus Muskelklappen hinter deinen Rippen, das keine 300 Gramm wiegt und im Laufe deines Lebens im Schnitt 2,5 Milliarden Mal an die 250 Millionen Liter Blut durch deinen Körper pumpt. Stelle dir ein-mal vor, wie die Luft in deine Bronchien strömt und der Sauerstoff von den Kapillargefäßen aufgenommen und durch die Blutbahnen weiter ins Herz gesendet wird, um von dort in den ganzen Körper geschickt zu werden, bis in die letzte deiner 10 Billionen Zellen, wo der Sauerstoff aus den Gefäßen durch die Zellmembran diffundiert und von deinen kleinen Zellkraftwerken, den Mitochondrien, in Energie umgewandelt wird. Dein Herz ist physiologisch gesehen der Motor des Lebens – und energetisch gesehen Zentrum der Lie-be. Kannst du leben, überleben, ohne zu lieben? Gibt es ein beflü-gelnderes Er-Leben als die Erfahrung der Liebe? Dein Atem fließt ruhig und gleichmäßig und du bist entspannt und ganz bei dir. Du fühlst dich wohl, geborgen und angenommen.

2. Dies ist eine Meditation auf die Liebe. Was ist Liebe? Was heißt es, von ganzem Herzen zu lieben? Wann hast du zuletzt intensiv geliebt? Kannst du dem Gefühl der Liebe eine Farbe oder Form geben? Ist sie wirklich rot und herzförmig? Hat Liebe einen Klang oder riecht sie charakteristisch? Ist Liebe göttlich, heilig? Versuche, die Liebe an sich

zu betrachten, nicht für etwas oder jemanden Bestimmtes. Wie fühlt sich Liebe an? Als würde die Zeit stillstehen? Wie eine warme Decke? Ist sie ein statischer Zustand, der erdet, oder vielmehr etwas Dynamisches, das dich wach und aufmerksam werden lässt? Ist sie etwas Wildes, Weltumspannendes? Gibt es sie überhaupt, die eine Liebe?

3. Öffne deinen Brustkorb und atme tief ein. Du versenkst dich in die verschiedenen Qualitäten der Liebe: Du denkst an das himmelhoch jauchzende Verliebtsein. An die tiefe, verbundene, stabile, zärtlich-behutsame Liebe. An die beschützend-wärmende Liebe. Die Liebe der Mutter zu ihrem Kind. Die erotische Liebe. Die Liebe zur Kunst.

4. Du empfindest ein warmes Gefühl hinter deiner Brust, fühlst dich erfüllt von Liebe und mit allen liebenden Wesen verbunden. Du gewinnst eine leise Ahnung, wie sich das buddhistische Ideal anfühlt: Frieden und Freiheit im Zustand gegenseitigen Liebens.

5. Kehre nun allmählich wieder ins Hier und Jetzt zurück. Öffne die Augen. Bewahre dir das warme Gefühl und trage es nach außen in deine heutige Begegnungen mit deinen Mitmenschen.

## Impulsfragen

Bist du zu verkopft? Wann hast du das letzte Mal offen die Wahrheit gesagt und die Sprache deines Herzens gesprochen? Wo solltest du direkter werden und bezüglich wem oder was unterdrückst du deine Gefühle?

Wem kannst du vertrauen und dich öffnen? Wer bereichert dein Leben?

Schenkst du auch dir genug Liebe und Mitgefühl? Übe dich in Selbstliebe: Was magst du an dir? Notiere dir drei Pluspunkte an deiner Person. Fallen dir vielleicht sogar noch mehr ein? Mit Sicherheit!

Was lastet schwer auf deinem Herzen und will ausgedrückt werden? Wem gegenüber würdest du dich gerne offenbaren?

Was ist dein innerster Wunsch, deine Sehnsucht, wo liegt deine wahre Leidenschaft? Was erfüllt dich zutiefst? Wann fühlst du dich als ganzer Mensch? Wobei geht dir das Herz auf?

Was lebst du und würdest du gerne mehr leben: die Poesie des Herzens oder die Prosa der Verhältnisse?

Vier Wege führen nach dem Psychotherapeuten und Zen-Lehrer Karlfried Graf Dürckheim zum Gefühl des Ergriffenseins: 1) Die Begegnung mit der Natur, 2) die Kunst 3) die Religion 4) zwischenmenschliche Begegnungen.

Was ergreift dich persönlich? Was gibt es für dich Höheres als die Alltagswelt, wovor verbeugst du dich? Was ist dir heilig? Was ist für dich das Schöne, Wahre, Gute?

---

---

---

# Psychologischer Test

Wissen oder Glauben? Bist du eher der spirituelle oder der pragmatische Typ? Folgst du deinem inneren Gespür oder vertraust eher auf empirische Befunde? Vergib auch hier wieder deine Punkte von 0 bis 5, wobei 0 bedeutet »trifft überhaupt nicht zu« und 5 »trifft absolut zu«, und finde heraus, wie rational oder intuitiv du tickst.

Das Wollen richtet sich nicht nach der Wirklichkeit. **W**

Mein Glaube gibt mir Kraft in schwierigen Situationen. **G**

Es gibt Dinge, die mir heilig sind. **G**

Ich lese gerne Sachbücher und verfolge die Nachrichten. **W**

Dinge, die geschehen, geschehen aus bestimmten Gründen. **G**

Ich gehe davon aus, dass es noch eine andere Sphäre gibt
als die für uns unmittelbar zugängliche. **G**

Ich orientiere mich an Fakten. W

Ich bin erst überzeugt, wenn ich es schwarz auf weiß habe. W

Ich bete oder meditiere regelmäßig. G

Ich möchte die Dinge verstehen und ergründen. W

Glaube und Wissen sind zwei verschiedene Paar Schuhe. G

Ich glaube nur an die Wissenschaft. W

**Auswertung**

| Neigung | Glaube | Wissen |
|---|---|---|
| Punktzahl | | |

Was folgt für dich aus dieser Auswertung für deine Lebensführung? Schließen sich diese beiden Bereiche für dich völlig aus oder lassen sie sich vielleicht sogar gewinnbringend in deinem Weltbild ergänzen?

# Achtsamkeitsübung

Wer sind die Menschen oder Wesen in deinem Leben, denen du deine Liebe schenkst? Vergiss nicht, auch dir selbst genügend Liebe und Mitgefühl zu geben. Wem solltest du verzeihen, mit wem dich versöhnen? Wer sind die Energievampire in deinem Leben und von wem oder was solltest du dich ablösen? Du trittst Menschen unvoreingenommen gegenüber und siehst jede Begegnung als eine neue Chance. Was belastet dich emotional und worum will dein Herz erleichtert werden?

Praktiziere heute ein Ritual des Loslassens und Abgebens. Ist es ein mit negativen Assoziationen besetzter Gegenstand oder sind es Worte, die dich verletzt haben – räume diese aus deinem Sichtfeld beziehungsweise verbanne sie aus deiner Gedankenwelt mit einem symbolischen Vernichtungsakt: Warte nicht mehr, bis der Ex seine Zahnbürste bei dir abholt – sie wandert heute in den Hausmüll. Notiere verbale Verletzungen, die dir jemand an den Kopf geworfen hat, auf einem Blatt Papier und verabschiede dieses demonstrativ im Kaminfeuer.

## Dein persönliches Krafttier

Was ist heute dein persönliches Krafttier? Kannst du dich dem Löwen anvertrauen oder schwebt dir ein anderer Patron vor? Wie willst du dich mit deinem tierischen Seelengefährten verbinden?

## Lektüre

Wilhelm Hauff: *Das kalte Herz* (1827)

Der arme Köhler Peter will seinen gesellschaftlichen Stand verbessern und geht daher einen Pakt mit dem Waldgeist ein: Er überlässt ihm sein Herz im Tausch gegen einen Stein in seiner Brust und mutiert zum rücksichtslosen, erfolgreichen – und unglücklichen – Geschäftsmann. (Eine äußerst stimmungsvolle und eindrückliche Verfilmung dieses Märchenklassikers hat Johannes Naber mit *Das kalte Herz* (D 2016) vorgelegt.)

## Musikempfehlung

Port St. Willow: *Syncope* (2015)

Der US-amerikanische Musiker Port St. Willow (Nick Principe) hat mit *Syncope* ein Indie-Folk-Album in Slowmotion aufgelegt, mit dem sich die Dämmerung stimmungsvoll begrüßen lässt.

## Filmtipp

*Shape of Water – Das Flüstern des Wassers* (USA 2017)

Der Fantasyfilm *Shape of Water – Das Flüstern des Wassers* von Guillermo del Toro erzählt von der stummen Elisa, die in den 1960er-Jahren als Reinigungskraft in einem US-Geheimlabor arbeitet und dort auf eine seltsame, zu Forschungszwecken gefangen gehaltene Unterwasserkreatur, ein Zwitterwesen aus Mensch und Amphibie, stößt und sich in dieses verliebt.

# 4. Rauhnacht:

## 28. DEZEMBER

| Feiertag/ Gedenktag | Tag der unschuldigen Kinder |
|---|---|
| Monat | April – steht für: Umbruch; Launenhaftigkeit |
| Thema | Transformation; Entwicklung; Überwindung |
| Namenstag | Donna – christliche Märtyrerin; Mattéa – Nonne und Mystikerin |
| Keltischer Baumkalender | Eberesche, Lebensbaum der Lebensfreude (1.4. bis 10.4.); Ahorn, Lebensbaum der Freiheit (11.4. bis 20.4.); Nussbaum, Lebensbaum des Neubeginns (21.4. bis 30.4.) |
| Krafttier | Schmetterling – Verwandlung; Entpuppung |

König Herodes lässt, nachdem er vom neugeborenen König der Juden erfahren hat, aus Furcht vor einem möglichen Rivalen um seinen Thron alle Säuglinge im Land töten. Symbolisch kann dieser Akt als die Angst vor dem Neuen gelesen werden. An diesem Rauhnachttag stellen wir uns der Frage: Was soll ich mich trauen, abzustoßen und zu ersetzen? Das bedeutet auch, eine Transformation von negativen Energien in positive vorzunehmen. Die humanistische Psychologie spricht hierbei davon, dass Leiderfahrung auch eine Chance bereithalten kann: als Erkenntnis und Charakterbildung. Oder um es mit Johann Wolfgang von Goethe zu sagen: »Aus Steinen, die dir das Leben in den Weg legt, kannst du etwas Schönes bauen.« Dabei ist es entscheidend,

unvoreingenommen zu sein und sich auf einen Perspektivwechsel im Hinblick auf unsere gängigen Vorstellungen von Gut und Böse einzulassen: Die Erfahrung von Schmerz macht uns empathisch, erst durch die Schatten erhält das Licht seine Konturen – oder mit einem buddhistischen Bild gesprochen: Lotusblüten erwachsen aus schlammigem Grund.

Ein wesentlicher Teil dieser zuversichtlichen Vergangenheitsbewältigung besteht in der Befragung deines inneren Kindes. In der Auseinandersetzung mit dem kindlichen Ich-Anteil lassen sich einerseits Traumata auflösen und die Schicksalsweichen für die Zukunft positiver ausrichten; andererseits können wir der Welt mit einem frischen Blick begegnen, indem wir diese aus den Augen eines Kindes sehen: uns wundern und staunen, die kleinen Dinge entdecken und uns an diesen erfreuen – das Prinzip der Achtsamkeit erlernen bedeutet, sich zu dekonditionieren, freizumachen von Grundannahmen und Sichtweisen, die sich uns im Laufe des Heranwachsens eingeschrieben haben, und die Fährte unserer ursprünglichen Verbundenheit aufzunehmen.

## Morgenroutine: Meine Traumanalyse

Inhalt meines Traumerlebnisses:

Mögliche Botschaft:

---

# Meditation: Schamanische Reise

Die schamanische Reise ähnelt sehr der visuellen Meditation, zielt aber auch auf höhere Einsichten ab. Sie öffnet dem Reisenden beim sogenannten »Seelenflug« die Tore zur Anderswelt seines Unterbewusstseins, der Erlebniswelt seines Stammhirns, wo die Intuition und die Regungen des Unterbewusstseins regieren und Einsichten über das eigene und ureigentliche Sosein gewonnen werden können. Fantasiereisen nutzen die Einbildungskraft, um durch das Erzeugen innerer Bilder den Körper und den Geist in tiefe Entspannung zu überführen. Dieses Visualisieren kann jedoch nicht nur entspannen, sondern auch zu Einsichten verhelfen.

Gehe bitte wie folgt vor:

1. Lege dich auf den Rücken. Komme zur Ruhe, richte es dir bequem auf deiner Matte oder dem Untergrund deiner Wahl ein. Wenn du magst, nimm dir eine Decke, damit du nicht auskühlst. Deine Beine ruhen hüftbreit auf der Matte, die Füße sinken nach außen, die Arme liegen mit geöffneten Achseln neben dir auf dem Boden, die Handinnenflächen sind nach oben geöffnet. Rücke das Kreuz-

bein ein wenig nach vorne, sodass die Lendenwirbelsäule nicht ins Hohlkreuz kippt. Wenn du Rücken und Knie noch mehr entlasten möchtest, kannst du auch noch ein Kissen unter die Kniekehlen schieben. Die Halswirbelsäule wird auch im Liegen lang, das Kinn neigt sich leicht Richtung Brustbein, die Schultern sind von den Ohren weggezogen. Dann schließe die Augen, lasse die Augenlider ganz weich werden und atme tief in den Bauch ein. Erfahre die Erdung deines Körpers und lasse dich fallen, spüre, wie der Boden dich auffängt und trägt. Versuche dabei, bis in die letzte Faser Anspannung aus der Muskulatur weichen zu lassen. Extremitäten und Rumpf sind entspannt. Der Nacken ist entspannt. Die Gesichtszüge sind entspannt: Die Zunge liegt weich in ihrem Bett, du schweigst. Und mit deinen geschlossenen Augen richtest du deinen Blick nach innen und grenzt dich ab von deinem Umraum. Nimm Geräusche und Gerüche in deiner Nähe wahr, ohne sie zu qualifizieren, und lasse sie vorüberziehen. Besinne dich auf deine unmittelbare, hiesige Gegenwart, und spüre in diesem Moment, was es heißt, einfach nur zu sein.

2. Verbinde dich jetzt mit deinem Atem. Atme tief und gleichmäßig ein und aus. Mit jeder Ausatmung sinkst du tiefer in den Boden. Spüre, wie du von Mutter Erde getragen wirst. Spüre das Element der Luft durch deine Nase und in deine Lungen strömen. Gib alles an die Erde und die Ausatmung ab, was dich hemmt und belastet. Lasse innere Bilder aus dem Alltag ziehen. Sei ganz bei deinem Atemvorgang und dem in den nährenden Boden sinkenden Körper. Spüre den Energieaustausch zwischen deinem Körper und dem Boden. Stelle dir vor, wie du immer weiter mit der Unterfläche verwächst. Und wie du dich immer bewusster und intensiver mit der Leben spendenden Atemluft verbindest. Visualisiere um dich herum einen Schutzkreis, das Medizinrad. Dann orientiere dich: Wo sind die vier Himmelsrichtungen? Stelle dir vor, wie Steine und Kristalle die Himmelsrichtungen des Medizinrads ab-

stecken. Die Kräfte der vier Elemente Feuer, Wasser, Erde, Luft bilden das Kraftfeld. Du bestehst ebenso aus diesen Elementen. Dein Körper schwingt in Harmonie mit den Himmelsrichtungen und Elementen.

3.  Beobachte im Folgenden: In welche Himmelsrichtung, in welche Kristallachse zieht es dich?

4.  Verbinde dich mit der ersten der vier Himmelsrichtungen: Ein frischer Windzug trägt deine Aufmerksamkeit nordwärts. Die Atmung verbindet dich mit dem Element Luft, mit dem klaren Himmel und dem frischen Wind. Du atmest Weite und Freiheit. Die Gedanken sind frei: Dein Geist breitet sich in die hohen Lüfte aus, erfasst die Weite des Himmels, die Klarheit, dein Bewusstsein strahlt über den Wiesen und Wäldern, als wäre es nicht von dieser Welt. Du dehnst dich immer weiter in den Himmel aus. Im Norden winkt der kühle Verstand des glasklaren Bergkristalls. Hier begegnest du deinem inneren Erwachsenen, dem Seelenanteil in dir, der Verantwortung trägt, selbstbestimmt und gereift ist, sich den Kräften der Logik bedient, vom analytischen Denken geprägt ist, aber auch Visionen entwickelt. Hier sitzt dein gesunder Menschenverstand, hier entspringen aber auch deine kühnen Ideen. Es durchblitzt dich, durchströmt dich, erfrischt dich. Wind bläst durch deinen Schädel, klärt deinen Geist. Welche Gedanken haben dich bis dato blockiert und von deinen Wünschen und Sehnsüchten getrennt? Welche negativen Glaubenssätze perpetuierst du? Die Gedanken sind frei. Erlaube dir deine Visionen. Es gibt viele Lösungen, wenn du sie für möglich hältst. Löse dich aus der Ohnmacht der Gedankenschleifen und folge den heulenden Wölfen, die dich klug und geschickt durch die Polarnacht navigieren.

5.  Im Osten geht die Sonne auf: Ein gelbgoldener Citrin funkelt am Horizont, er enthält das Feuer deiner Inspiration und Kreativität. Hier sitzen die Tatkraft, dein männliches Ich, egal ob du Mann oder Frau bist, dein Weltgestaltungsdrang, deine Euphorie, dein Mut,

Ideen umzusetzen, alles, was in den Bereich deiner Selbstverwirklichung im Außen fällt. Hier lodert dein inneres Feuer, das auch in Illusion ausufern kann. Hier wird die Kraft der Transformation entfesselt. Frage dich also: Wo kann dein inneres Feuer wirken? Fühle es in dir aufflammen und dich zur Tat auffordern. Lasse dich von den frei galoppierenden Wildpferden über die weiten Ebenen von Tundra und Taiga ostwärts treiben und spüre, wie der Wind durch Haare und Mähnen streift und dein Herz sich öffnet und Freiheit atmet.

6. Dann wende dich südwärts. Im Süden funkelt ein dunkelroter Rubin, der den Mittag des Lebens markiert, getönt in der Farbe des Blutes, ein Sinnbild des Wassers und die Hingabe an den Fluss des Lebens. Emotionen kommen ins Fließen, wollen ausgedrückt werden. Emotionale Verkrustung, physische Verhärtung will aufgeweicht und verflüssigt werden. Wasser verändert seinen Aggregatzustand und erhält dabei sein Wesen. Wandle auch du dich und vertraue auf deinen unveränderlichen Kern. Gib frei und lasse aus dir herausfließen, was nicht mehr zu dir gehört, und gleite mit den sonnenwarmen Schlangen, die sich durch den trockenen Wüstensand schlängeln.

7. Dann wende dich westwärts und betrachte den Sonnenuntergang, wo ein Rauchquarz von Mutter Erde kündet und dir Stabilität und Erdung schenkt. Hier kannst du Energie tanken, deine innere Weiblichkeit kultivieren, egal ob du Mann oder Frau bist, körperliche Nahrung beziehen. Wo holst du dir, was du zur Regeneration brauchst? Deine Aufmerksamkeit gilt dem Element Erde. Die Erde trägt und nährt dich. Du bist aus Erde gemacht und lässt dich von anmutigen Hirschen durch die weiten Wälder führen, wie sie ihre stolzen Geweihe in die Höhe recken und dich die Verbindung zwischen den Sphären von Himmel und Erde spüren lassen. Du fühlst dich in Sicherheit, die Erde nährt und spendet, was man in sie hinein sät.

8. Nun komme zurück in die Mitte und integriere. Spüre, wie du fester und kompakter wirst, dich von der Erde getragen fühlst, von der Luft durchströmt, vom Feuer in deinem Herzen begeistert, vom Fluss befreit. Du fühlst dich im Ausgleich. Wo fehlt es noch an etwas?

9. Dann beginne dich zu recken und zu strecken wie nach einem erholsamen Schlaf. Komme langsam wieder zurück ins Hier und Jetzt. Öffne deine Augen und richte dich allmählich auf.

## Impulsfragen

Was haben deine Vorfahren dir mit auf den Weg gegeben, welchen Weg dir geebnet, aus welchem Holz bist du geschnitzt, in welcher Linie siehst du dich? Was hast du von deinen Müttern und Vätern an Merkmalen geerbt? Und was ist nur dir allein zu eigen, welchen Weg gehst du selbst, wodurch grenzt du dich als Individuum ab? Und was willst du in dieser Abfolge an die folgenden Generationen weitergeben?

Wer bist du für dich und wer für andere? Wer bist du wirklich? Welche Rollen spielst du in deinem Leben? Und welche sind dir wichtig, sind keine Rolle, sondern du selbst? Welche sind eine Last, welche ein Trugbild deiner selbst?

---

---

---

# Psychologischer Test

Steckst du gerade in einer großen Transformation und durchläufst aktuell eine Lebenskrise? Bist du grundsätzlich sehr entwicklungsorientiert und an Selbsterkenntnis interessiert? Oder bist du bereits angekommen und hast deinen Platz im Leben gefunden?

Ermittle deinen Krisenmodus und kreuze bei jeder Frage jeweils Ja oder Nein an:

Ich empfinde mein Leben als erfüllt.　　　　Ja　Nein

Die Sinnfrage stellt sich mir nicht.　　　　Ja　Nein

Ich erlebe das, was ich tue, als bedeutungsvoll.　　Ja　Nein

Ich habe eine Lebensaufgabe.　　　　Ja　Nein

Ich fühle mich als Teil eines größeren Ganzen.　　Ja　Nein

Ich glaube an einen allgemeinen Lebenssinn.　　Ja　　Nein

Was hast du häufiger angekreuzt:
die Existenz eines Sinns bejaht oder verneint?

　　　Ja　　　　Nein

Ermittle auch, welchen Stellenwert Persönlichkeitswachstum für dich hat, indem du die folgenden Aussagen auf einer Punkteskala von 0 bis 5 versiehst, wobei 0 bedeutet »trifft überhaupt nicht zu« und 5 »trifft absolut zu«.

Ich denke viel über mich und mein Verhalten nach.

Ich scheue keine Mühe, um auf meine Ziele hinzuarbeiten.

Ich will den Ursachen auf den Grund gehen, warum ich so bin, wie ich bin.

Entwicklung ist Teil des Lebens.

Ich nehme gerne eine neue Aufgabe wahr, durch die ich etwas lerne.

Ich würde mich als selbstreflexiv bezeichnen.

Ich zweifle schnell an mir und meinem Verhalten.

Man lernt nie aus, ist meine Devise.

Sobald ich etwas kann, würde ich am liebsten schon wieder etwas Neues erlernen.

**Auswertung**
Meine Punktzahl:

| 30–45 | 15–29 | 0–14 |
|---|---|---|
| Ausgeprägtes Interesse an persönlichem Wachstum | Durchschnittliches Interesse an persönlichem Wachstum | Ausbaufähiges Interesse an persönlichem Wachstum |

**Ausgeprägt:** Du bist flexibel, neugierig und weltzugewandt – mach weiter so. Aber gib Acht, dass du nicht zu viel um deine eigenen Belange kreist. Überlege, wie du auch andere mit deiner positiven Energie anstecken und Impulse geben kannst.

**Durchschnittlich:** Du bist interessiert und offen, hast aber noch Kapazitäten. Bleibe am Ball und erinnere dich immer wieder an deine Vorsätze, beispielsweise durch ein kleines Memo.

**Ausbaufähig:** Was dein persönliches Wachstum anbelangt, ist noch Luft nach oben. Ergreife jetzt die Initiative und begib dich auf Entdeckungsreise. Der steile Aufstieg lohnt sich – versprochen.

## Achtsamkeitsübung

Was ist deine Form des Selbstausdrucks? Nimm dir heute Zeit, um dich künstlerisch auszudrücken – musizierend, dichtend, schreibend, tanzend. Was ist dein Medium? Übst du ein Stück auf dem Klavier oder erstellst du eine Playlist, schreibst du ein Gedicht oder hast das Bedürfnis, deine Seelenlandschaft zu malen, oder kreierst du eine Choreografie zu deinem Lieblingslied oder konzipierst eine Yogasequenz? Lasse deinen Gedanken und Gefühlen freien Lauf.

## Dein persönliches Krafttier

Was ist heute dein persönliches Krafttier? Kannst du dich dem Schmetterling anvertrauen oder schwebt dir ein anderer Patron vor? Wie willst du dich mit deinem tierischen Seelengefährten verbinden?

## Lektüre

Marion Poschmann: *Die Kieferninseln* (2017)

Marion Poschmanns Buch *Die Kieferninseln* erzählt von Gilbert Silvester, der im Anflug einer Lebenskrise sich kurzerhand in ein Flugzeug nach Japan setzt, um auf der Pilgerroute der alten Wandermönche über die Kieferninseln zu wandeln. Noch vor Antritt seiner Wanderung macht er eine Begegnung mit dem Studenten Yosa.

## Musikempfehlung

Jonathan Bree: *Sleepwalking* (2018)

Der Neuseeländer Jonathan Bree mit der sonoren Stimme betört mit *Sleepwalking* seine Hörer mit charmantem Indietronic- und Synthie-Pop-Sound.

## Filmtipp

*Der Nachtmahr* (D 2015)

Was hat ein Gedicht des englischen Schauerromantikers William Blake mit einer Berliner Rave-Party gemein? In seinem surrealen Coming-of-Age-Film *Der Nachtmahr* lässt Regisseur Achim Bornhak (Künstlername AKIZ) die 17-jährige Tina ihrem inneren Monster begegnen, mit dem sie entgegen der Haltung ihres familiären und gesellschaftlichen Umfeldes Freundschaft zu schließen versucht. Eine Parabel, wie wir uns mit unseren inneren Dämonen versöhnen und mit unseren Schattenseiten arrangieren.

# 5. Rauhnacht:

## 29. DEZEMBER

| | |
|---|---|
| **Feiertag/ Gedenktag** | – |
| **Monat** | Mai – steht für: Wonnemonat; greifbare Fülle des Lebens; Zeit der Freude und des Glücks |
| **Thema** | Freundschaft; Verbundenheit; Versöhnung |
| **Namenstag** | Thomas – bedeutet »Zwilling«; Suche nach Seelenverwandten; Thomas Becket, Erzbischof von Canterbury, den Heinrich II. von England ermorden ließ |
| **Keltischer Baumkalender** | Pappel, Lebensbaum der Selbsterkenntnis (1.5. bis 14.5.); Kastanie, Lebensbaum der Offenheit (15.5. bis 24.5.); Esche, Lebensbaum der Energie (25.5. bis 3.6.) |
| **Krafttier** | Hund – Treue; Verbundenheit |

Dieser Rauhnachttag steht im Zeichen der Freundschaft – Freundschaft zu anderen Menschen, aber auch mit sich selbst. Es geht also auch darum, Selbstmitgefühl zu kultivieren: Sage Ja zu dir selbst, sei nicht zu streng mit dir. Erst wenn wir uns selbst lieben und annehmen, können wir auch anderen Menschen Liebe und Akzeptanz entgegenbringen. Mit sich selbst befreundet zu sein, bedeutet, die Einheit von Körper und Seele wahrzunehmen und keine inneren Kämpfe auszutragen. Ehre deinen Körper (oder wie der Tantrismus sagt: behandle ihn als Tempel deiner selbst), sage Ja zu dir, auch zu deinen Schwächen. Dies meint auch das yogische Yama Ahimsa: Gewaltlosigkeit gegenüber allen Wesen – uns selbst eingeschlossen.

Ganz wesentlich für freundschaftliche Beziehungen ist die Vergebung von Fehltritten. Das Überwinden von Verletzungen meint nicht traumatische Erfahrungen wie körperliche oder seelische Misshandlung – es gibt Dinge, die sind unverzeihlich –, sondern Distanzierung von unseren täglichen kleinen narzisstischen Kränkungen und Befindlichkeiten. Versuche, diese zu verwinden, indem du eine neutrale Erklärung für die Verletzung suchst und von deiner persönlichen Empfindung absiehst. Wie sieht der Konflikt aus der Vogelperspektive aus? Wie lässt sich von außen erklären, dass das Gegenüber sich so verhalten hat? Eine Erklärung ist keine Entschuldigung oder ein moralischer Freispruch: Aber sie erleichtert das eigene Befinden von Scham und Schuld – der Fehltritt wurzelt häufig in der Biografie des Gegenübers und nicht in der beschuldigten oder beschämten Person. Dies zu durchschauen, erleichtert es uns, Kränkungen weniger persönlich zu nehmen.

## Morgenroutine: Meine Traumanalyse

Inhalt meines Traumerlebnisses:

Mögliche Botschaft:

_____

_____

_____

## Meditation:
## Psychosomatische Chakrenarbeit

Unter Chakren versteht man Energiezentren, die anatomisch gesehen mit funktionellen Knotenpunkten im Körper korrespondieren. Chakren bieten interessante Ansatzpunkte in der psychosomatischen Auffassung körperlicher Symptome: So zeigen sich häufige Parallelen zwischen bestimmten Erkrankungen und einem entsprechenden Lebensstil wie zum Beispiel das Magengeschwür als die typische »Managerkrankheit«, die gehäuft bei der Burn-out-Persönlichkeit auftritt. Viel Stress, ungesunde Ernährung und Kompensationsstrategien wie Alkoholkonsum und Rauchen führen zur Überproduktion von Magensäure und somit zu Magenproblemen. Oder man denke an das Broken-Heart-Syndrom: So lässt sich beobachten, dass Menschen mit Liebeskummer plötzlich Herz-Kreislauf-Probleme entwickeln. Entsprechend kann man auch zu jedem Chakra bestimmte Organe zuordnen und für diese eine Anfälligkeit für bestimmte Symptome in Abhängigkeit von bestimmten Lebensumständen und seelischen Belastungen bestimmen. Die folgende Meditation sucht mithilfe von Visualisierung und Atemtechniken die Kontaktaufnahme zu den jeweiligen Energiezentren.

Gehe bitte wie folgt vor:

1. Komme in den aufrechten Sitz und schließe deine Augen. Verankere deine Sitzbeinhöcker gut im Boden und richte deine Wirbelsäule auf, als würdest du an einem unsichtbaren Faden zur Decke gezogen werden. Lasse alle Anspannung aus deinem restlichen Oberkörper weichen, deine Schultern sind entspannt, deine Schulterblätter schmelzen Richtung Steiß. Richte deine Aufmerksamkeit auf deine Wirbelsäule, von wo aus deine inneren Organe und deine Muskulatur mit Nervenimpulsen versorgt werden und durch deren Wirbelkanal die Lebensenergie Prana fließt. Spüre bewusst in das Ende deiner Wirbelsäule, wo dein Gesäß mit deinem Untergrund in Verbindung tritt.

2. Beginne beim Wurzelchakra, das mit After, Dick- und Enddarm in Verbindung steht und Vertrauen, Stabilität und Sicherheit verkörpert. Leidest du unter Darmbeschwerden wie Verstopfung, Durchfall, Krämpfen oder Blähungen? Fühlst du dich unsicher, bist angst- oder schambesetzt, glaubst, nicht genug oder nicht liebenswürdig zu sein, tust dir schwer zu vertrauen und glaubst, alles im Griff haben zu müssen? Fühlst du dich rastlos und getrieben, immer auf der Suche nach Orten und Menschen, die dir ein Nest bieten? Spüre die Bodenhaftung deiner Sitzbeinhöcker und fühle dich sicher und stabil. Du darfst loslassen und Kontrolle abgeben. Du fühlst dich unterstützt und geborgen.

3. Praktiziere nun die Mondatmung: Atme tief in den unteren Bauch ein bis zum Anus und entspanne deinen Beckenboden. Schöpfe die volle Kapazität der Lungen aus, um dein Zwerchfell möglichst weit zu vertiefen, sodass du den Energiefluss bis zur Basis deines Steißbeins spürst. Atme in einem Takt von 4:4 tief ein und aus. Praktiziere dies für fünf Runden, dann verlangsame die Ausatmung in einem Takt von 4:6, auch dies für fünf Runden, und schließlich im Takt von 4:6. Lasse dann deinen Atem wieder natürlich fließen und spü-

re in deinen entspannten Unterbauch hinein. Wo könnte dein Nest, deine Heimat sein? Visualisiere einen Ort, an dem du dich sicher und geborgen fühlst. Eine Insel im Alltag, auf die du dich zurückziehen kannst und deinem Körper Ruhe und Entspannung gönnst. Eine Stunde, in der du bei dir bist und weißt, dass es Menschen gibt, denen du vertrauen kannst, mit denen du innig verbunden bist und die dir auch zugestehen, wenn du Raum für dich brauchst.

4. Wandere nun mit deiner Aufmerksamkeit weiter zum Sakralchakra, das mit dem Urogenitalbereich in Verbindung steht und Lebensgenuss, Lust und Sinnlichkeit verkörpert. Hast du Probleme mit der Blase oder empfindest du deine Sexualfunktion als beeinträchtigt, bist süchtig nach etwas und ausschweifend oder verspürst im Gegenteil Ekel gegenüber Genussmitteln und Sexualität? Bist du übermäßig selbstkritisch, diszipliniert und schämst dich für Fehler und Schwächen und willst deine Gefühle aus Angst nicht zeigen? Oder bist du eher zügellos und egomotiviert? Reibe deine Handflächen ineinander und lege deine Hände auf deinen Unterbauch auf.

5. Praktiziere nun die Atemwelle: Ziehe die Atemluft durch deine Nasenlöcher, atme tief in den Schlüsselbeinbereich, dann unter dein Brustbein und schließlich in den Bauch. Mit der Ausatmung lässt du die Atemwelle in der entgegengesetzten Richtung abebben. Du verbindest Kopf und Körper, Leib und Seele miteinander. Du bist ein Wesen aus Fleisch und Blut und Geist. Und alle Teile haben ihre Berechtigung. Dein Unterleib fühlt sich wohlig warm und entspannt an. Lasse nun den Atem wieder natürlich fließen. Was könnte für dich das richtige Maß sein? Solltest du dich mehr zu deinen Bedürfnissen und deiner Natur bekennen, zu deinen sexuellen Wünschen stehen, aber auch zu deinen Abneigungen und Grenzen, ohne gegenüber deinem Partner Angst und Scham zu empfinden? Gestatte dir Lebenslust und Genuss, ohne dich davon abhängig zu fühlen. Du fühlst dich verbunden und wohl in deinem Körper. Du gestattest dir, ein Mensch zu sein.

6. Wandere jetzt zu deinem nächsten Chakra: dem Solarplexus auf Bauchnabelhöhe, der das Energiezentrum bildet im Bereich des Magens und Dünndarms und der an der Verdauung beteiligten Drüsenorgane. Hier sitzt dein inneres Kraftzentrum, hier zieht das Verdauungsfeuer Agni die Nährstoffe aus deiner Nahrung und beliefert deinen Organismus mit Energie. Was ist deine Leidenschaft, wofür brennst du? Was sind deine Stärken und Talente? Schiebst du Dinge auf oder erledigst sie sofort? Traust du dir bestimmte Dinge nicht zu und solltest mehr Mut haben? Haushaltest du gut mit deinen Kräften und überforderst dich nicht oder leidest du öfter an Sodbrennen, Völlegefühl oder Magenkrämpfen? Reibe deine Handinnenflächen aneinander und lege sie auf deinen Bauchnabel.

7. Praktiziere nun die Feueratmung: Atme für 30 bis 60 Sekunden stoßweise aus und ein – falls dir schwindelig wird, setze früher aus. Dann spüre, wie es warm in deinem Bauchraum geworden ist, deine wärmenden Hände liegen noch immer auf dem Bauchraum auf und deine Bauchhöhle ist mit Sauerstoff und Energie geflutet. Visualisiere dein inneres Feuer. Das muss keine Flamme sein, spüre in das warme Kraftzentrum deiner Körpermitte. Verdauung und Nahrungsverwertung fühlen sich reguliert an, die Bauchorgane massiert und angeregt. Memoriere für dich den Grundsatz: Dein Körper ist mehr als nur ein Gehirntaxi. Gehe achtsam mit deinen Ressourcen um und akzeptiere deine Grenzen. Dann lege deine Hände wieder auf den Knien ab.

8. Wandere mit deiner Aufmerksamkeit weiter zum Herzchakra. Das Herzchakra steht in Verbindung mit der Herz- und Lungenfunktion, den grundlegenden Vitalfunktionen, die durch Stressoren empfindlich gestört werden können. Leidest du unter Bluthochdruck, Herz-Rhythmus-Störungen oder unter Asthmaanfällen, einer zu flachen Atmung oder Hyperventilation? Reagierst du sehr impulsiv und emotional, bist sehr extrovertiert und wirst schnell zum Streithahn

oder wirkst du eher nach außen hin reserviert und unterkühlt, um dich zu schützen, und bist schüchtern und introvertiert? Gestehst du deinen Gefühlen gegenüber deinem Verstand genug Raum zu? Reibe deine Hände aneinander und lege sie auf dein Brustbein. Wie fühlt sich dein Brustraum an? Kippen deine Schultern nach vorne und atmest du flach unter deine Schlüsselbeine oder ist deine Brust geöffnet und fühlen sich deine Bronchien geweitet an? Korrigiere deine Sitzhaltung. Deine Schultern ziehen weg von den Ohren, deine Schulterblätter schmelzen Richtung Steiß. Atme tief in deinen Brustraum ein.

9.  Praktiziere hierzu die Sonnenatmung: Atme im Takt 4:4 tief in die Brust ein. Spüre, wie sich dein Brustkorb mit jeder Ein- und Ausatmung senkt, führe dies fünfmal durch. Dann erhöhe die Dauer der Einatmung gegenüber der Ausatmung in einem Takt von 6:4, ebenfalls fünfmal, und schließlich im Verhältnis 8:4. Fühle, wie dein Brustkorb und Herzraum offen und energetisiert sind. Du erlaubst dir, dich emotional zu öffnen und intuitiv zu handeln. Du hörst auf dein Herz und gestattest dir, ein fühlendes, verletzliches Wesen zu sein. Lege deine Hände wieder auf den Knien ab.

10. Wandere nun weiter zum Kehlchakra, das mit dem Kehlkopf und den dazugehörigen Artikulations- und Sinnesorganen in Verbindung steht. Verschlägt es dir öfter die Sprache, ist deine Stimme leise und belegt oder empfindest du Schmerzen oder ein Druckgefühl im Halsbereich, einen wortwörtlichen Kloß im Hals? Hattest du schon einmal einen Hörsturz oder leidest du unter Tinnitus? Gerätst du in Kommunikationssituationen unter Stress, trägst du dein Herz auf der Zunge oder bleibst du immer höflich und diplomatisch und schluckst deinen Ärger herunter? Drückst du hinreichend aus, was dich gedanklich und emotional bewegt, sei es verbal oder kreativ, oder bleiben viele deiner Wünsche und Sorgen ungesagt? Lenke dein Bewusstsein in deinen Halsbereich.

11. Praktiziere nun die Ujjayi-Atmung, den Atem des Meeresrauschens: Verschließe deine Stimmritze und atme rauschend ein. Führe dies fünfmal in deinem Tempo durch. Dann öffne deine Stimmritze wieder und atme durch den Mund ein. Deine Kehle fühlt sich erfrischt und energetisiert an, und du verbindest dich mit deinem Herzraum: Deine Bronchien werden geflutet von frischer Luft, die ungebremst und gefiltert durch deinen Mundraum und deine Kehle strömt. Du bist offen und ehrlich und äußerst, was du denkst und fühlst. Du wirst nicht aufbrausend und formulierst deine Worte höflich und bedacht. Aber du äußerst sie und verdrängst nicht, was dir durch Kopf und Herz geht. Und du suchst dir dein liebstes Mantra aus, ein Mantra, das wohlklingend ist und dessen Botschaft deine Botschaft ist, oder deine liebsten Verse aus einem Liedtext, den du summen magst. Diese stimmst du für dich an und fühlst den Massageeffekt auf deine Stimmbänder und deinen Kehlkopf. Du kannst klarer, ruhiger und deutlicher sprechen. Überlege dir, wem in deinem Leben welche Worte als Nächstes von dir gesagt werden wollen.

12. Nun wanderst du weiter zum Dritten Auge, das mit unserer Fähigkeit zur geistigen Fokussierung, aber auch mit Fantasie und Intuition in Verbindung steht, hirnanatomisch gesehen mit dem Stirnhirn, aber auch der Zirbeldrüse zur Regulation unseres Schlaf-Wach-Rhythmus. Bist du häufig unkonzentriert, leidest unter Schlafstörungen oder Albträumen, Grübelzwang, Schwindel oder Kopfschmerzen? Fühlst dich mental überfordert, reizüberflutet und unausgeglichen? Reibe deine Handinnenflächen aneinander und lege sie auf die Stirn. Deine Stirnmuskeln entspannen sich. Lasse auch deine Gedanken zur Ruhe kommen. Wende dich ab von den Rufen des Affengeistes, der dich in der Vergangenheit befangen will oder über die Zukunft nachdenken lässt, und fokussiere auf deine unmittelbare körperliche Präsenz. Du bist mit deinen Gedanken nun voll und ganz bei deiner Atmung. Richte deine

Aufmerksamkeit auf den Strom der Atemluft durch deine Nasenlöcher. Beobachte, wie diese an der Nasenbrücke, dem Punkt zwischen deinen Augenbrauen, zusammenläuft und mit der nächsten Ausatmung sich wieder in die beiden Nasenlöcher verzweigt.

13. Praktiziere dazu die Wechselatmung Nadi Shodana: Die linke Hand ruht auf dem linken Knie. Mit der rechten Hand bildest du ein Vishnu Mudra: Mittel-, Zeige- und Ringfinger werden in die Handinnenfläche gelegt, die Daumen und kleiner Finger abgespreizt, um den Verschluss der Nasenflügel zu bilden. Setze nun die rechte Hand an die Nase und verschließe das rechte Nasenloch mit dem Daumen. Atme durch das linke Nasenloch ein, schließe beide Nasenlöcher, öffne das linke Nasenloch mit dem kleinen Finger und atme links aus. Schließe dann das linke Nasenloch und öffne das rechte, atme rechts ein, schließe beide Nasenlöcher, halte diese Position und atme dann rechts aus und öffne beide Nasenlöcher. Nimm jetzt einen Zählrhythmus hinzu: Eine Einatmung dauert drei Zähleinheiten, eine Ausatmung doppelt so lange, also sechs Einheiten. Verschließe das rechte Nasenloch erneut mit dem Daumen. Atme durch das linke Nasenloch ein … zwei … drei … Schließe beide Nasenlöcher, halte kurz, öffne das linke Nasenloch mit dem Zeigefinger und atme links aus … zwei … drei … vier … fünf … sechs. Schließe dann das linke Nasenloch und öffne das rechte, atme rechts ein … zwei … drei … Schließe beide Nasenlöcher, halte kurz und atme rechts aus … zwei … drei … vier … fünf … sechs. Wiederhole diese Atmung dreimal für dich.

14. Lege deine Hände wieder auf die Stirn. Dein Geist ist klar und fokussiert. Du willst im Hier und Jetzt leben. Bist fest entschlossen, im Alltag mehr gedankliche Pausen einzulegen und deiner Umwelt mit Achtsamkeit zu begegnen. Du nimmst Dinge und Details wahr, die deinem Blick bislang nicht zugänglich waren, bist offen für die schönen Kleinigkeiten, die deinen alltäglichen Weg säumen.

15. Und zuletzt steige zum Scheitel auf, zum Kronenchakra, das mit der Großhirnrinde in Verbindung steht und höhere, spirituelle Erkenntnisse bereithält, die uns von unserer irdischen individualisierten Identität befreien. Im Kronenchakra erschließt sich die Erleuchtung. Klammerst du an irdische Dinge und hast Angst vor dem Tod? Erlebst du dich und deine Probleme als Nabel der Welt? Fehlt es dir an Glauben und Sinnerfahrung? Bist du psychisch instabil, konsumierst übermäßig Alkohol oder Drogen? Lege deine Hände auf die Ohren, wie zwei Muscheln, die alle Geräusche abschirmen. Atme tief ein und aus und horche dem Rauschen deiner Atmung und dem Blutfluss in deinem Körperinneren.

16. Praktiziere dazu Brahmari, die Bienenatmung. Mit der nächsten Ausatmung summe ein langes Mmmmmmmmh. Atme ein, lausche und atme summend wieder aus. Du fühlst dich wie in einem Kokon, mit dem inneren Rauschen ebenso verbunden wie mit dem sphärischen Klang einer rätselhaften Welt. Du hast keine definitiven Antworten, aber glaubst an etwas. Wenn du nicht an Gott glaubst, glaubst du an die Liebe, die Natur oder die Kunst. Aber du glaubst an etwas.

17. Wir kommen allmählich zum Ende dieser Meditation. Integriere die Stufenleiter deiner Chakren: Visualisiere, wie du vom Wurzelchakra Wurzeln in die Erde schlägst, wie ein Baum, der sich in die Erde gräbt. Über deine Kopfkrone stellst du eine Verbindung zum Himmel her und richtest dich immer weiter auf, schaffst noch mehr Länge in der Wirbelsäule. Trippele mit deinen Fingerspitzen einige Zeit sanft über deine Scheitelnaht auf deiner Schädeldecke, als würde Regen auf deinen Kopf prasseln, und falte deine Hände dann wärmend über deine Schädeldecke, als würde dir die Sonne auf dein Haupt scheinen. Werde dir bewusst, dass du ein Geschöpf von Mutter Natur bist, ein Mittelding zwischen Tier und Engel, ein Mensch, der zwischen Himmel und Erde beheimatet ist und seine leibseelische Doppelnatur lebt. Lege deine Hände wieder auf den

Knien ab. Durchlaufe nochmals gedanklich alle Chakren und er-innere dich, welches Chakra in der nächsten Zeit deine besondere Aufmerksamkeit fordert und von dir harmonisiert werden will. Vielleicht hast du bereits erste Ideen, wie diese Zuwendung in dei-nem Alltag aussehen soll, woran es fehlt, was du ändern möchtest. Dann öffne deine Augen und komme wieder im Hier und Jetzt an.

## Impulsfragen

Bist du dir selbst dein bester Freund und achtest die Einheit von Kör-per und Geist? Welche Routinen könntest du in deinen Alltag integrie-ren für mehr Selbstfürsorge?

_____

_____

_____

Kannst du dir verzeihen? In welchen Lebensbereichen bist du zu streng mit dir?

_____

_____

_____

Mit wem willst du dich schon seit Langem versöhnen? Welcher Freund ist dir durch unglückliche Zustände zum Feind geworden?

_____

_____

_____

Freust du dich für das Glück anderer? Wann hast du das letzte Mal von ganzem Herzen jemandem etwas gegönnt?

_____

_____

_____

## Psychologischer Test

Habe ich genug psychische Ressourcen? Die sogenannte Resilienz, die seelische Widerstandsfähigkeit, entscheidet maßgeblich darüber, was ein Mensch seinen jeweiligen Lebensbelastungen entgegensetzen kann und ob er ein Burn-out, eine Depression oder Angststörung entwickelt. Da vor allem die Belastungen am Arbeitsplatz zugenommen haben, sind stabilisierende Faktoren sehr wichtig. Dazu gehören beispielsweise genügend Ausgleich in Form von Freizeit, Sport oder Ähnlichem, ein stabiles soziales Netz und ausreichend Schlaf. Ein empfindlicher Punkt

besteht darin, dass man für die geleistete Arbeit hinreichend Anerkennung erfährt. Wenn das Verhältnis von Arbeitseinsatz und Anerkennung nicht stimmt, droht eine Gratifikationskrise. Überprüfe mit diesem Test, ob bei deiner Arbeit das Verhältnis zwischen Anforderung und Anerkennung stimmt. Bewerte die Aussagen auf einer Skala von 1 bis 5, wobei 1 bedeutet »trifft überhaupt nicht zu« und 5 »trifft absolut zu«. Multipliziere dann die Summe unter der Rubrik *Anforderung* mit 11 und die Summe unter der Rubrik *Anerkennung* mit 5 und teile das erste Ergebnis durch das zweite.

**Anforderung**

Ich fühle mich ständig unter Zeitdruck.

Ich werde durch Telefonanrufe und andere Störungen ständig aus der Arbeit gerissen.

Ich trage viel Verantwortung.

Ich mache häufig Überstunden.

Die Anforderungen nehmen seit Jahren zu.

**Anerkennung**

Ich fühle mich am Arbeitsplatz ungerecht behandelt.

Ich sehe keine beruflichen Aufstiegschancen.

Beruflich ist alles anders gekommen, als ich es mir gewünscht habe.

Mein Job ist unsicher.

Ich fühle mich von meinem Vorgesetzten oft nicht genügend wertgeschätzt.

Ich erhalte von meinen Kollegen kaum Zuspruch.

In brenzligen Situationen helfen mir Kollegen nicht aus.

Ich empfinde mein Gehalt als unangemessen.

Meine Position entspricht nicht meiner Qualifikation.

Ich habe das Gefühl, ich komme trotz aller Bemühungen nicht vom Fleck.

Ich empfinde meine Arbeit als wenig sinnstiftend.

Mein Ergebnis:


## Auswertung

Liegt das Ergebnis bei 1 oder 2, besteht kein Missverhältnis zwischen Leistung und Gegenleistung. Bei einem Wert von 3 bis 5 sind alle Kriterien einer Gratifikationskrise erfüllt, und du solltest ernsthaft über einen Arbeitsplatzwechsel nachdenken oder zumindest sehr darauf achten, dass die ausgleichenden Ressourcen gegeben sind.

# Achtsamkeitsübung

Sei mit dir selbst befreundet: Was kannst du deinem Körper Gutes tun, womit ihn sinnlich belohnen? Überlege dir Achtsamkeitsübungen, die sich ohne Aufwand in den Alltag einflechten lassen, vom achtsamen Zähneputzen über ein Schaumbad bis zur Anwendung einer Haarkur.

Wie pflegst du Freundschaften? Verteile immer mal wieder zwischendurch kleine Anerkennungen durch ein paar liebe Zeilen, kleine Aufmerksamkeiten wie Selbstgebackenes und andere schöne Aktionen.

Ein Leitsatz des Karma Yoga lautet: Mir geht es so schlecht, wie kann ich dir helfen? Gute Werke erleichtern auch die eigene Seele und die Auseinandersetzung mit dem Schicksal anderer Menschen relativiert oft das eigene Unglück. Wo kannst du heute, morgen oder demnächst anderen einen Freundschaftsdienst erweisen oder auch für fremde Menschen eine kleine gute Tat tun?

# Dein persönliches Krafttier

Was ist heute dein persönliches Krafttier? Kannst du dich dem Hund anvertrauen oder schwebt dir ein anderer Patron vor? Wie willst du dich mit deinem tierischen Seelengefährten verbinden?

## Lektüre

Thomas Mann: *Die vertauschten Köpfe* (1940)

Die »indische Legende«, wie Thomas Mann seine Novelle unterschreibt, erzählt von der Dreiecksbeziehung zweier Jünglinge, Nanda und Schrida-man, und der schönen, umworbenen Sita, die schließlich in einen Konkur-renzkampf von Körper und Geist mündet.

## Musikempfehlung

Agnes Obel: *Citizen of Glass* (2016)

Die dänische Singer-Songwritern und Pianistin Agnes Obel entführt mit *Citizen of Glass* ihre Hörer mit ihren atmosphärisch-feinsinnigen Elegien in Klang-welten des Geheimnisvoll-Obskuren.

## Filmtipp

*Cry Wolf* (DK 2020)

Die Dramaserie *Cry Wolf* erzählt von der 14-jähigen Holly, die ihren Stief-vater in einem Schulaufsatz der häuslichen Gewalt bezichtigt. Obwohl Zeugenaussagen und Indizien die Glaubwürdigkeit der Aussage infrage stellen, lässt der Sozialarbeiter Lars nicht davon ab, einem dunklen Fami-liengeheimnis auf die Spur zu gehen.

# 6. Rauhnacht:

## 30. DEZEMBER

| | |
|---|---|
| **Feiertag/ Gedenktag** | Tag der Heiligen Familie |
| **Monat** | Juni – steht für: Übergang des Frühlings in den Sommer; Sommersonnenwende; Übergang vom Licht in die Dunkelheit |
| **Thema** | Bereinigung; Loslassen |
| **Namenstag** | Hermine – christliche Wohltäterin und Nonne des 7. Jahrhunderts |
| **Keltischer Baumkalender** | Hainbuche, Lebensbaum der Beharrlichkeit (4.6. bis 13.6.); Feigenbaum, Lebensbaum des Einklangs (14.6. bis 23.6.); Birke, Lebensbaum des Lichts (24.6.); Apfelbaum, Lebensbaum der Liebe (25.6. bis 4.7.) |
| **Krafttier** | Schlange – Heilung; Häutung |

Das Jahr nähert sich mit rasantem Tempo seinem Ende zu, und es ist an der Zeit, Ballast abzuwerfen – materiellen Ballast ebenso wie Seelenballast. Um Altes abzuschließen und Blockaden zu lösen, müssen häufig vergangene Kränkungen bewältigt und verziehen werden. Versöhnung braucht immer beide Beteiligten, aber verzeihen kann man ohne das Zutun des anderen. Und das Verzeihen hat eine befreiende Kraft und schenkt uns Leichtigkeit. Wir sind auf diesen Aspekt bereits in der vorherigen Rauhnacht zu sprechen gekommen.

Lasse dich also heute durch die yogischen Yamas (Gebote) inspirieren: Das Loslassen empfiehlt ähnlich dem christlichen Gebot »Du sollst nicht stehlen«, nicht an materiellen Dingen zu klammern, aber auch Situationen und Lebensverhältnisse freizugeben und Menschen nicht in Beschlag zu nehmen. »Wer stabil in der Umsetzung von Aparigraha [Anspruchslosigkeit] ist, erfährt alles über seine Vergangenheit und seine vergangenen Leben.« (Yogasutra des Patañjali 2,39 sowie Hathayogapradipika) Wer keinen Besitz anhäuft und weltlichen Belangen nicht anhaftet, bleibt sich selbst treu. Und die Loslösung von der Anhaftung zieht auch eine Lösung von Anspannungen im Körper und Geist nach sich. Loslassen birgt die Tiefenerfahrung innerer Ruhe. Asteya (Nicht-Begehren) und Aparigraha (Nicht-Festhalten-Wollen) meinen daher auch: sich auf das zu besinnen, was wirklich wichtig ist, und sich aus dem Konsumstrudel zu befreien. Das Sein steht über dem Haben. Das Haben ist veränderlich, das Sein können wir entwickeln. Aparigraha bedeutet: schätzen, was wir haben, und nicht bedauern, was wir nicht haben oder nicht sind. Das ständige Habenwollen verursacht Stress und kostet Zeit, Wünsche können zur regelrechten Obsession werden. Wenn wir diesen Ratschlag befolgen, erleben wir Zufriedenheit (Santosha): Das zweite Niyama meint Dankbarkeit für das Leben, Demut, Akzeptanz der eigenen Grenzen sowie der Grenzen dieser Welt. Darum geht es wirklich im Leben: »Aus Zufriedenheit geht unvergleichliches Glück hervor« (Yogasutra des Patañjali 2,42 sowie Hathayogapradipika) Santosha beschreibt die urtümliche Ausgelassenheit des Kindes, dass selbstversunken im Augenblick lebt und sich als Teil der Natur fühlt. Zufriedenheit meint dabei nicht das flüchtige, augenblickliche Glück, sondern einen stabilen, längerfristigen Zustand.

# Morgenroutine: Meine Traumanalyse

Inhalt meines Traumerlebnisses:

Mögliche Botschaft:

# Meditation: Emotionales Wellenreiten

Das emotionale Wellenreiten ist ein Ansatz aus der Dialektisch-Behavioralen Therapie (DBT), die dabei behilflich ist, mit belastenden emotionalen Erfahrungen umzugehen.

Gehe bitte wie folgt vor:

1. Begib dich in eine bequeme Sitzposition, am besten in den Schneidersitz. Verankere deine Sitzbeinhöcker gut im Boden und lege deine Hände mit nach oben geöffneten Handinnenflächen auf den Knien ab oder bilde mit deinen Händen eine Schale. Schließe deine Augen und lasse deinen Atem frei fließen.

2. Kannst du aktuelle Gefühle wahrnehmen? Sind diese angenehm oder unangenehm? Kannst du sie konkret benennen? Handelt es sich um Freude oder empfindest du eher Wut, Angst oder Scham?

3. Versuche, die unangenehmen Gefühle im nächsten Schritt zu neutralisieren, indem du eine distanzierte Formulierung für diese findest. Spreche innerlich: Da ist Angst. Ungeduld taucht auf. Sage dir statt »Ich bin traurig« besser »Da ist Trauer«. Beobachte das Kommen und Gehen, das Heranbrausen und Abebben, ohne dich mit diesen Gefühlen zu identifizieren. Trainiere den inneren Beobachter.

4. Wie wirkt sich das Gefühl körperlich aus? Wo sitzt es genau? Im Bauch? Hinter der Brust? Im Nacken? Kribbelt es irgendwo? Ist ein Bereich angespannt oder blockiert? Wo treibt das Gefühl im Körper sein Unwesen? Manifestiert es sich als Schmerz oder Krampf?

5. Spürst du Ärger und Wut? Versuche, deinen Atem zu beruhigen. Nimm den Ärger in dir wahr: als Krampf, Druck oder Schmerz. Lasse ihn da sein, so stark wie er sein will. Rekapituliere den Grund für seine Entstehung, bringe den körperlichen Ausdruck mit seiner Ursache in unmittelbaren Zusammenhang und rücke diesen in

dein Bewusstsein. Halte es für eine Weile aus, von diesem unangenehmen Zustand durchflutet zu werden. Atme tief ein und steuere die Region an, versuche sie mit der Einatmung zu weiten und zu lockern. Dann entscheide bewusst, die Emotion loszulassen. Atme tief ein und atme die Wut tief ab. Stelle dir vor, wie die Wut aus dir herausströmt. Sie bäumt sich vor dir auf, wabert um dich herum. Hat sie eine Farbe oder Form? Vielleicht sogar das Gesicht des Menschen, der dich wütend gemacht hat? Gehe auf Distanz zu dieser Gestalt. Grenze dich bewusst ab. Verabschiede sie. Du brauchst sie nicht mehr, du hast dir ihre Ursache bewusst gemacht.

6. Welche emotionalen Dramen bedienst du? Sei es durch das Festhalten an Ärger oder der Suche nach ständigem Lustgewinn. Lasse die Gefühle durch dich hindurchfließen und klammere dich nicht an sie. Lasse alle Gefühle kommen und gehen, reite auf ihnen wie auf Wellen und bleibe du selbst. Deine Essenz überdauert alle temporären Gefühle. Lasse emotionale Wogen sich wieder glätten. Lasse die Gefühle fließen und verspanne dich nicht darin, dich zu ihnen zu verhalten, mit ihnen zu ringen. Der Tsunami ergießt sich und fällt zusammen und versickert und brandet zurück. Peitsche den Wellengang nicht unnötig auf, indem du diese Gefühle nährst und gedanklich immer wieder umstellst.

7. Bist du traurig? Erlaube deiner Trauer, da zu sein. Panzert sie dich ein, drückt auf die Augen, macht sie deinen Geist schwer und benebelt dein Gemüt, beklemmt sie die Brust? Atme tief ein in die betroffene Region und weite und lockere sie. Denke an den Menschen, mit dem du einst verbunden warst, und erlaube dir, ihn ziehen zu lassen. Wenn du unter einer Trennung leidest, versuche, den Verlust als einen Neuanfang zu begreifen, lasse die Schwere von dir weichen, die der Bruch mit sich gebracht hat. Sage dir: Ich bin es wert, geliebt zu werden. Wenn du einen geliebten Menschen verloren hast, gestehe dir zu, dass du ein Recht zum Trauern, aber auch zum Leben hast. Verinnerliche: Ich behalte ihn/sie

immer in meinem Herzen. Ich trage ihn/sie in Gedanken bei mir, bei dem, was ich noch erleben darf. Vollziehe eine Ablösung und rücke die Person in Gedanken immer weiter von dir weg. Die Konturen werden immer undeutlicher. Du findest immer mehr zu dir selbst.

8. Welche negativen Gefühle kannst du noch in dir entdecken? Verspürst du Anspannung, fühlst dich unter Strom? Balle deine Hände zu Fäusten und lasse diese die Anspannung abfangen. Versuche, das betroffene Körperareal zu entspannen, gib alles in dein Ventil der Fäuste ab. Schicke die Sorgen in deine geballten Hände und sammle sie dort zusammen, je mehr Sorgen sich dort auftürmen, desto stärker presse die Fäuste zusammen. Wenn sich dein Inneres leichter anzufühlen beginnt und das belastende Gefühl schließlich abebbt, lasse die Fäuste los. Von deinen gelösten Händen aus geht eine Welle der Erleichterung durch deinen Körper.

9. Dann öffne allmählich deine Augen und finde zurück ins Hier und Jetzt. Du fühlst dich erleichtert und bereinigt.

## Impulsfragen

Was fühlst du bei Gedanken an das zurückliegende Jahr? Was hat sich in deinem Leben wesentlich verändert? Welche Ereignisse waren besonders einschneidend? Welche Aha-Momente hattest du?

Wo lauern in deinem Leben die Energievampire, was willst du loslassen und auflösen?

Was soll vor dem Jahreswechsel zurückbleiben, was willst du hingegen mitnehmen?

## Psychologischer Test

Weg von den Empfindungen von Scham, Schuld und Angst führt der Weg hin zur inneren Freiheit. So zeichnet auch der US-amerikanische Psychiater David R. Hawkins in seinem 17-stufigen Bewusstseins-ebenen-Modell eine spirituelle »Karriereleiter« der Gefühlszustände, die er mit Punkten versieht. Auf welcher Leitersprosse würdest du dich aktuell verorten? Welche negativen Gefühlszustände wollen überwunden werden?

Dies sind die Bewusstseinsebenen frei nach Hawkins:

| Ebene | Qualität | Punktzahl |
|---|---|---|
| 1 | **Scham:** Die quälendste Emotion nach Hawkins, da die soziale Ächtung den Beschämten die eigene Nicht-Existenz wünschen lässt. Der Beschämte fühlt sich wertlos und minderwertig, als habe er kein Recht zu leben. | 20–29; niedrigstes Energielevel |
| 2 | **Schuldbewusstsein:** Drängt in die Opferrolle. Man wird anfällig für die Manipulationen anderer und setzt sich nicht zu Wehr. Oft werden Schuldgefühle erfolglos verdrängt. | 30–49 |
| 3 | **Verzweiflung:** Der Verzweifelte fühlt sich hoffnungs- und hilflos, sieht keine Zukunft, sondern nur den Abgrund vor seinen Füßen. Er resigniert oder neigt zu passiver Aggression. | 50–74 |
| 4 | **Kummer:** Gekennzeichnet durch Niedergeschlagenheit und Verlusterfahrung. Wird der Kummer nicht verwunden, droht eine Verbitterung. Die Welt erscheint durch einen düsteren Filter, der Bekümmerte neigt zu Suchtverhaltensweisen. | 75–99 |
| 5 | **Angst:** Kann ein wichtiger Motivator, aber auch selbstdestruktiv sein, wenn sie ausartet und generalisiert. In totalitären Systemen wird die Angst der Bevölkerung genutzt, um diese gefügig zu machen. | 100–124 |
| 6 | **Begehrlichkeit:** Versetzt in Unruhe und Unzufriedenheit. Das ständige Lechzen nach Befriedigung immer aufs Neue generierter Wünsche ist ein wesentliches Kennzeichen kapitalistischer Gesellschaften. | 125–149 |

| Ebene | Qualität | Punktzahl |
|---|---|---|
| 7 | **Wut:** Setzt sehr viel Energie frei, kann auch zu konstruktivem Handeln führen, wie in Form von politischem Aktivismus, aber auch zerstörerisch sein, wenn sie auf persönliche Kränkungen reagiert. | 150–174 |
| 8 | **Stolz:** Hochmut kommt vor dem Fall. Falscher Stolz ist Selbstüberschätzung, eine gesunde Portion Stolz gehört aber zu unserem Selbstwertgefühl und schützt vor Demütigungen. | 175–199 |
| 9 | **Mut:** Allmählich bewegen wir uns aus dem roten Bereich heraus und kommen zu den hilfreichen Emotionen. Mut ist erforderlich, um neue Wege zu gehen und Hürden zu überwinden. | 200–249; Demarkationslinie |
| 10 | **Vertrauen:** Mit Zuversicht in die Zukunft blicken. Neutral gegenüber anderen Meinungen und offen für Alternativen zu sein, wirkt versöhnend mit dem Schicksal. Der Vertrauende geht durch die Tür, die sich öffnet. | 250–309 |
| 11 | **Bereitwilligkeit:** Freundliche und weltzugewandte Offenheit, positive Grundhaltung gegenüber anderen Menschen – wie es in den Wald hineinschallt, schallt es auch wieder hinaus. | 310–349 |
| 12 | **Akzeptanz:** Mühelose Hingabe an den Lauf der Dinge, die genommen werden, wie sie kommen. Gleichzeitig spürt der Akzeptierende, seine Selbstwirksamkeit zu gestalten, was in seiner Macht steht. | 350–399 |
| 13 | **Verstand:** Der innere Realitätschecker, der das Wellenbad der Emotionen glättet und zur Selbstberuhigung mahnt. Oft sind wir zu verkopft, wenn die Gedanken verrückt spielen und negative Emotionen generieren. Der Verstand kann aber gerade dann auch innerer Leuchtturm sein. | 400–499 |

| Ebene | Qualität | Punktzahl |
|---|---|---|
| 14 | **Bedingungslose Liebe und Güte:** Der bedingungslos und gütige Liebende hat eine wohlwollende, selbstlose, mitfühlende, verzeihende und umsorgende Haltung zur Welt und seinen Mitmenschen in ihrem Sosein. | 500–539; Beginn des spirituellen Levels |
| 15 | **Freude:** Resultat wachsender bedingungsloser Liebe und Güte, die positiv auf den Liebenden selbst zurückfällt. Die Welt wird als schön und harmonisch wahrgenommen. | 540–599; Beginn des Energiefelds mit heilender Wirkung |
| 16 | **Verschmelzung mit dem universellen Prinzip:** Einer von zehn Millionen Menschen erlangt (im Rahmen der Meditation) die Erfahrung von Transzendenz, Selbsterkenntnis und Gottesbewusstsein (zum Beispiel der Dalai Lama). | 600–699 |
| 17 | **Höchstes Bewusstsein:** Vollkommene Transzendenz des Körper-Seins und Identifikation des Selbst mit der Weltseele beziehungsweise Gott (wie bei Buddha oder Jesus). | 700–1000 |

In welchem Stadium des Bewusstseinsebenen-Modells würdest du dich verorten?

Woran fehlt es in deinem Leben, um die nächsthöhere Stufe zu erklimmen?

Was kannst du aktiv tun, um dich weiterzuentwickeln und negative Gefühlszustände zu überwinden?

## Achtsamkeitsübung

Wem solltest du vergeben? Vergebung bedeutet nicht Selbstverhöhnung, sondern eher sich vom Opferlamm weg und hin zum Glücksschmied seines Lebens zu bewegen. Menschen zu vergeben heißt: Wir können loslassen und nach vorne schauen, wir können neue Chancen ergreifen. Wir halten unserem Gegenüber nicht noch die andere Wange hin, sondern befreien uns, ziehen weiter, lassen die Kränkung zurück. Schreibe einem Freund, von dem du enttäuscht wurdest oder den du enttäuscht hast, einen wohlwollenden Brief, in dem du dich erklärst, ohne Vorwürfe zu machen. Du musst ihn nicht zwingend abschicken, wenn alle Brücken abgerissen sind. Du kannst diesen Brief auch nur für dich selbst schreiben, um für dich klar zu werden. Im Laufe der Zeit häufen wir Ballast an – nicht nur im Leben, sondern auch in unseren Räumlichkeiten. Miste aus! Packe weg, was dich negativ triggert. Erleichtere dich, hafte nicht an, sondern erlaube dir, dich weiterzuentwickeln.

## Dein persönliches Krafttier

Was ist heute dein persönliches Krafttier? Kannst du dich der Schlange anvertrauen oder schwebt dir ein anderer Patron vor? Wie willst du dich mit deinem tierischen Seelengefährten verbinden?

## Lektüre

Judith Hermann: *Daheim* (2021)

Judith Hermann erzählt in *Daheim* von einer Frau in einer biografischen Schwellensituation: Bei einem Aufenthalt an der Küste richtet sie ihr Leben neu aus, löst sich von Altlasten und entwickelt neue Widerstandskraft – ein Roman über eine tiefe Transformation.

## Musikempfehlung

Goldfrapp: *Tales of Us* (2013)

Das britische Indie-Duo Goldfrapp präsentiert mit *Tales of Us* das mit Abstand stimmungsvollste Downtempo-Album.

## Filmtipp

*Am Anschlag – Die Macht der Kränkung* (Ö/D 2021)

Wie Demütigungen dazu führen können, dass Individuen gesellschaftliches Zerstörungspotenzial entwickeln, zeigt die äußerst gelungene Fernsehserie *Am Anschlag. Die Macht der Kränkung* (Ö/D 2021) von Unmut Dağ, dessen Drehbuch auf der Basis des Psychogramms geschrieben wurde, das der Kriminalpsychiater Reinhard Haller in seinem Buch *Die Macht der Kränkung* entwickelt. In sechs Folgen entwickelt das Narrativ rund um Arbeitsplatz und Freizeiteinrichtung eines großstädtischen Einkaufszentrums die Parallelgeschichten verschiedener Menschen und der von ihnen erfahrenen seelischen Verletzungen und Alltagskränkungen, die zu psychischen Erkrankungen führen und schließlich in einer Eskalation münden.

# 7. Rauhnacht:

## 31. DEZEMBER

| Feiertag/ Gedenktag | Silvester |
|---|---|
| Monat | Juli – steht für: Monat der Feste und Feiern |
| Thema | Vorbereitung auf das Kommende; Transit |
| Namenstag | Silvester – der erste Bischof von Rom (Papst) nach dem im Jahr 313 von Kaiser Konstantin erlassenen Mailänder Toleranzedikt, durch das das Christentum als gleichberechtigte Religion anerkannt wurde |
| Keltischer Baumkalender | Tanne, Lebensbaum der Weisheit (5.7. bis 14.7.); Ulme, Lebensbaum des Erwachens (15.7. bis 25.7.); Zypresse, Lebensbaum der Ewigkeit (26.7. bis 4.8.) |
| Krafttier | Murmeltier – Sammlung; Vorbereitung |

Silvester war der erste Papst, der nicht mehr unter der Christenverfolgung zu leiden hatte, sondern von der Ernennung des Christentums zur Staatsreligion unter Kaiser Konstantin profitierte. Seine Namensgebung kennzeichnet den letzten Tag des alten Jahres als Transitmoment. Im regionalen Brauchtum wird dieser Übergang häufig von Aberglauben begleitet: Das Tragen von roter Wäsche in dieser Nacht soll im neuen Jahr viel Liebesglück bringen, während auf den Verzehr von Geflügel verzichtet werden sollte, da man davon ausging, dass einem im neuen Jahr dann das Glück davonfliegen könnte, während der Verzehr von Schweinefleisch als Indikator gedeutet wurde, dass man

»Schwein haben wird«. Der Brauch lärmender Umzüge in der Nacht, um das Alte zu vertreiben, ist bis heute im Silvesterfeuerwerk lebendig. Früher wurde an Silvester mit Schwarzpulver geböllert. Eine bis heute fortgeführte Tradition ist das Bleigießen und die Deutung der Figuren eine moderne Form des Orakelns.

Kreiere deine Vision vom neuen Jahr und sieh das nächtliche Feuerwerk als Begrüßungszeremonie deiner Pläne. Heute ist die Gelegenheit, den Reset-Knopf zu drücken und sich zu fragen: Wer bin ich wirklich? Habe Mut, für dich einzustehen und deinen Weg zu gehen.

## Morgenroutine: Meine Traumanalyse

Inhalt meines Traumerlebnisses:

Mögliche Botschaft:

## Impulsfragen

✦

Was sind deine zentralen Wünsche und Vorstellungen im Leben?

Welche Früchte trägt dein Leben, welche Samen gilt es noch zu säen? Welche Bereiche deines Lebens möchtest du befruchten? Welche Kraft schlummert in dir und möchte endlich entfesselt werden? Worin blühst du auf? Wofür bist du Feuer und Flamme? Empfindest du gegensätzliche Gefühle? Welche unterschiedlichen Feuer lodern in dir?

Wer bist du und was willst du wirklich? Was ist deine Vision von dir selbst? Was ist deine besondere Fähigkeit oder Eigenschaft, welchen Schatz gilt es in dir zu bergen?

Wofür bist du bereit, deine Komfortzone aufzugeben? Was ist für dich größer als dein Ego?

Was sind deine Vorsätze und Ziele im kommenden Jahr?

# Meditation: Yoga Nidra

Für all die Aufgaben braucht man auch Phasen der Regeneration. Schlafen ist zwar nicht das eigentliche Ziel, aber ähnlich wie beim autogenen Training kann Yoga Nidra auch bei Einschlafproblemen helfen.

Gehe bitte wie folgt vor:

1. Lege dich auf den Rücken. Komme zur Ruhe, richte es dir bequem auf deiner Matte oder dem Untergrund deiner Wahl ein. Wenn du magst, nimm dir eine Decke, damit du nicht auskühlst. Deine Beine ruhen hüftbreit auf der Matte, die Füße sinken nach außen; die Arme liegen mit geöffneten Achseln neben dir auf dem Boden, die Handinnenflächen sind nach oben geöffnet. Rücke das Kreuzbein ein wenig nach vorne, sodass die Lendenwirbelsäule nicht ins Hohlkreuz kippt. Wenn du Rücken und Knie noch mehr entlasten möchtest, kannst du auch noch ein Kissen unter die Kniekehlen schieben. Die Halswirbelsäule wird auch im Liegen lang, das Kinn neigt sich leicht Richtung Brustbein, die Schultern sind von den Ohren weggezogen. Dann schließe die Augen, lasse die Augenlider ganz weich werden und atme tief in den Bauch ein.

2. Sage dir innerlich: »loslassen« Werde dir deines Körpers bewusst, sei dir deines ganzen Körpers bewusst – vom Kopf bis zu den Füßen und von den Füßen zurück zum Kopf. Betrachte deinen Körper vor deinem inneren Auge. Fühle die Begrenzung deines Körpers. Sei dir deiner Fähigkeit bewusst, deinen Körper zu bewegen, mache aber keinen Gebrauch von dieser Fähigkeit. Sage dir: »Ich kann meinen Körper bewegen, aber ich tue es nicht.« Nimm deinen ganzen Körper wahr, vom Scheitel bis zur Sohle und von der Sohle bis zum Scheitel. Sei dir deines ganzen Körpers bewusst. Sei dir der Stille bewusst. Komme mit deiner Aufmerksamkeit zum Scheitel, wandere

zur Stirn, zu den Augenbrauen, Augen, Wangenknochen, Wangen, komme zu den Nasenöffnungen, nimm den Luftstrom in den Nasenöffnungen wahr. Komme zum Mund, Kinn, Kiefer, Nacken, Hals, zu den Schultern, Oberarmen, Ellenbogen, Unterarmen, Handgelenken, Händen, Fingern. Wandere mit deiner Aufmerksamkeit jede deiner fünf Fingerkuppen ab. Auf jeder Seite. Und kehre zurück zu den Händen, den Handgelenken, Unterarmen, Ellenbogen, Oberarmen, Schultern. Komme zur Brust. Erforsche den Brustraum. Weiter zum Bauch. Erforsche den Bauchraum. Dann zum Unterleib, unteren Rücken, zu den Hüften, Oberschenkeln, Knien, Unterschenkeln, Fußgelenken, Füßen, Zehen. Allen fünf Zehen, auf jeder Seite. Und nun kehre wieder zurück zu den Füßen, Fußgelenken, Unterschenkeln, Knien, Oberschenkeln, Hüften, dem unteren Rücken, Unterleib, Bauchraum und der Brust. Und wieder zu den Armen. Oberarm, Ellenbogen, Unterarm, Handwurzel, Handfläche, Fingerkuppen, fünf an der Zahl auf jeder Seite, dann zu den Handflächen, Handwurzeln. Wieder zum Unterarm, Ellenbogen, Oberarm, zu den Schultern, zum Hals, Nacken, Kiefer, Kinn, Mund, zu den Nasenöffnungen. Spüre den Luftstrom in den Nasenöffnungen. Nun den Punkt zwischen deinen Augenbrauen. Und zurück zum Scheitel. Werde dir nun der großen Körperteile bewusst. Das ganze rechte Bein, das ganze linke Bein, beide Beine zusammen. Der ganze rechte Arm, der ganze linke Arm, beide Arme zusammen. Beide Beine und beide Arme zusammen. Der ganze Rücken, der Bauch, die Brust, der ganze Rumpf, der ganze Kopf, der ganze Körper. Der ganze Körper. Der gesamte Körper. Nimm deinen Körper wahr ... als ein ganzes Wesen. Bringe deine Wahrnehmung jetzt zum Atem. Deinem natürlichen Atem. Nimm erneut wahr, wie er sich durch die Nasenöffnungen bewegt. Komme zur Mitte der Brust. Gehe tief in diesen Punkt hinein. Gehe tief in die Stille dort. Werde ganz leer. Gehe tief in die Stille und Ruhe deines Herzzentrums. Mache dich leer. Ganz leer. Fünf Minuten Leere. Gong.

3. Überprüfe deine Haltung. Dein Atem fließt natürlich. Fühle deinen Atem aus deinem Körper hinein- und hinausfließen. Spüre, wie die Atemluft durch deine Nasenöffnungen strömt. Fühle die Bewegung von Brust und Bauch. Beeinflusse deinen Atem nicht. Lasse ihn sein, wie er ist. Natürlich und selbstverständlich. Folge dem Atem auf seinem Weg zwischen Bauchnabel und Hals. Mit der Einatmung bewegt er sich abwärts, mit der Ausatmung aufwärts. Beobachte aufmerksam die Bewegungsrichtung. Vom Nabel zum Hals und vom Hals zum Nabel. Du atmest ohne Anstrengung. Bist nur Beobachter. Vom Nabel zum Hals und vom Hals zum Nabel. Nimm jeden Atemzug bewusst wahr. Richte nun deine Aufmerksamkeit zum Punkt zwischen den Augenbrauen. Komme zum Kehlkopf, zur rechten Schulter, zur linken Schulter. Bilde ein Dreieck und atme entlang des Dreiecks. Komme zur Mitte der Brust, zur rechten Seite, zur Mitte, zur linken Seite. Komme zum Bauchnabel. Atme, als würdest du mit deinem ganzen Körper atmen. Atme vom Scheitel zu den Zehen ein und atme von den Zehen zum Scheitel aus. Atme vom Scheitel zu den Fußgelenken ein und von den Fußgelenken zum Scheitel aus. Atme vom Scheitel zu den Knien ein und von den Knien zum Scheitel aus. Vom Scheitel zum Beckenboden ein und vom Beckenboden zum Scheitel aus. Vom Scheitel zum Bauchnabel ein, vom Bauchnabel zum Scheitel aus. Vom Scheitel zum Brustbein ein, vom Brustbein zum Scheitel aus. Vom Scheitel zum Kehlkopf ein, vom Kehlkopf zum Scheitel aus. Vom Scheitel zu den Nasenöffnungen ein, von den Nasenöffnungen zum Scheitel aus. Vom Scheitel zum Augenbrauenzentrum ein und vom Augenbrauenzentrum zum Scheitel aus. Und erweitere deinen Atemraum wieder. Vom Scheitel bis zu den Nasenlöchern, vom Scheitel bis zum Kehlkopf, bis zum Brustbein, bis zum Bauchnabel, bis zum Beckenboden, bis zu den Knien, bis zu den Fußgelenken, bis in die Zehen. Atme, als würde dein ganzer Körper atmen. Fünf Minuten Fülle.
Gong.

4. Überprüfe deine Haltung. Dein Atem fließt natürlich. Zähle rückwärts. Zähle nun mit jeder Ein- und Ausatmung. Fange bei 27 an und zähle dann rückwärts. 27 Einatmen – 27 Ausatmen. Dein Brustkorb hebt und senkt sich. Zähle weiter. Bleibe mit der Aufmerksamkeit beim Atmen und Zählen. Atmen und Zählen. Wenn du dich verzählst, fange wieder bei 27 an.
Gong.

5. Verlasse nun das Zählen. Bleibe ruhig und entspannt. Und komme allmählich wieder im Raum an. Recke und strecke dich nach deinem erholsamen yogischen Schlaf. Setze dich allmählich auf. Und öffne die Augen.

## Psychologischer Test

Wertearbeit: Was ist mein Lebensleitbild? Welche sind meine persönlichen Tugenden und Stärken?

Wie viele Punkte vergibst du auf einer Skala von 1 bis 10 folgenden Persönlichkeitseigenschaften in Bezug auf a) deine Persönlichkeit in Beziehungen und als Privatperson und b) deine Persönlichkeit im beruflichen Kontext und geschäftlichen Umgang mit anderen? Berücksichtige dabei auch, ob deine Selbstwahrnehmung sich mit deiner Außenwahrnehmung deckt.

| Persönliche Eigenschaften | Privates Ich | Professionelles Ich |
|---|---|---|
| Empathie | | |
| Eloquenz | | |
| Sympathie | | |

Enthusiasmus

Engagement

Belastbarkeit

Geradlinigkeit

Charisma

Frustrationstoleranz

Autonomie

Effizienz

Ausdauer

Teamfähigkeit

Zuverlässigkeit

Ehrgeiz

Lernfreudigkeit

Kreativität

Zielstrebigkeit

Verantwortlichkeit

Flexibilität

Welche sind die jeweils fünf Eigenschaften mit der höchsten und der niedrigsten Punktzahl, und was bedeutet dies für die Gestaltung deines Privatlebens, beispielsweise deiner Partnerschaft, und deines Berufslebens, wie zum Beispiel deiner Berufswahl?

Bist du ein Familienmensch oder haben Selbstbestimmtheit und Selbstverwirklichung für dich einen hohen Wert? Bist du ein Teamplayer, ein Alphatier oder am liebsten dein eigener Chef?

Befindest du dich gerade in einer Konstellation, für die du eigentlich nicht gemacht bist?

## Ritual

Mit diesem Ritual soll ein symbolischer Ausdruck gefunden werden, was dir wirklich entspricht und deine Persönlichkeitsmerkmale repräsentiert: Durch ein Schmuckstück, einen Talisman, einen Schlüsselanhänger, ein bestimmtes Kleidungsstück oder auch ein Tattoo. Was ist dein Krafttier oder dein Mineral/Edelstein, der dein Ich spiegelt und den du an dir tragen möchtest? Mit welchem Accessoire drückst du dich aus und erinnerst dich an deine Vision von dir selbst? Lege beispielsweise ein Christenkreuz an oder nutze den Tag, um eine Malakette zu knüpfen. Vielleicht holst du ein altes Schmuckstück, gar ein Familienerbstück, hervor, das du dir schon so lange vorgenommen hast zu tragen. Oder überlegst dir ein Motiv für das Tattoo, das du dir schon so lange stechen lassen wolltest. Kreiere deinen täglichen Begleiter, der dich daran erinnert, wo du herkommst, wo du hinwillst und wer du bist.

# Dein persönliches Krafttier

Was ist heute dein persönliches Krafttier? Kannst du dich dem Murmeltier anvertrauen oder schwebt dir ein anderer Patron vor? Wie willst du dich mit deinem tierischen Seelengefährten verbinden?

## Lektüre

Marion Zimmer Bradley: *Die Nebel von Avalon* (1982)

Marion Zimmer Bradleys *Die Nebel von Avalon* ist eine oftmals feministisch gelesene Adaption der Artussage. Die Erdgöttin, Repräsentantin von Mutter Natur, hatte in den frühen heidnisch geprägten Kulturen noch einen anderen Stellenwert. In der Avalon-Saga, die zwischen den Fronten einer alten Welt (dem Heidentum) und der neuen Welt (eines zunehmend christianisierten Englands) angesiedelt ist und von den Irrungen und Wirrungen liebender Krieger und orakelnder Priesterinnen erzählt, gelangt die Protagonistin zum Ende zu der Einsicht, dass die Muttergöttin in der christlichen Mutter Jesu, der Jungfrau Maria, weiterlebt. Mit der ausschweifenden Freyja und ihrer ungebändigten Natur hat diese allerdings nicht mehr viel zu tun.

## Musikempfehlung

Ólafur Arnalds: *For Now I Am Winter* (2013)

Der isländische Multiinstrumentalist Ólafur Arnalds bespielt mit *For Now I Am Winter* ein akustisches Spektrum von Indietronic bis Neoklassik.

## Filmtipp

*Im Winter ein Jahr* (D 2008)

*Im Winter ein Jahr* von Caroline Link erzählt von dem unterschiedlichen Umgang von Mutter und Tochter (Corinna Harfouch, Karoline Herfurth) mit dem Selbstmord ihres Sohnes beziehungsweise Bruders. Aufhänger der Geschichte ist die Beauftragung eines Familienporträts bei einem Maler, das die Familie einst vereint abbilden soll.

# 8. Rauhnacht:

## 1. JANUAR

| Feiertag/ Gedenktag | Tag der Namensgebung des Herrn (Jesus); Hochfest der Gottesmutter Maria |
|---|---|
| Monat | August – steht für: Monat der Freude, der Fülle, Kraft und Energie; Hochsommer und Zeit des Müßiggangs |
| Thema | Geburt des Neuen; Treffen von Entscheidungen |
| Namenstag | Basilius – Kirchenlehrer, einer der geistigen Väter des Glaubensbekenntnisses von Nicäa-Konstantinopel |
| Keltischer Baumkalender | Pappel, Lebensbaum der Selbsterkenntnis (5.8. bis 13.8.); Zeder, Lebensbaum des Mysteriums (14.8. bis 23.8.); Kiefer, Lebensbaum der Geduld (24.8. bis 2.9.) |
| Krafttier | Büffel – Fülle; Wohlstand |

Am Neujahrstag ist es allgemein Brauch, sich Glück zu wünschen (»Frohes Neues!«). In den vergangenen Tagen haben wir viele Themen aufgeworfen und mentale und emotionale Veränderungen angestoßen. Nun geht es darum, die Veränderungen anzunehmen und die notwendigen Schritte in die richtige Richtung zu unternehmen, um den Wandel in unser Leben einzuladen. Wir treffen nun Entscheidungen, um unsere Neujahrsvorsätze zu realisieren, beginnen, unser Glück aktiv zu schmieden. Rituale sind dabei Rahmenbedingungen im Alltag, die es uns erleichtern, unsere Vorsätze umzusetzen und den inneren Schweinehund zu überwinden. Dabei gilt der Grundsatz der Zuversicht: Gemeint ist kein naiver Alles-wird-gut-Optimismus, sondern ein realistischer, aber wohlwollender Blick in die Zukunft.

Im Mittelpunkt steht dabei die Glücksschmied-Formel »Jeder ist seines Glückes Schmied«. Dies soll aber nicht bedeuten, dass man selbst schuld an Schicksalsschlägen oder Pechsträhnen ist. Diese Formel soll ins Bewusstsein rücken, dass wir verantwortliche Wesen sind und etwas bewirken können. Nicht alles steht in unserer Macht, aber vieles. Die Erfahrung von Selbstwirksamkeit stärkt unser Selbstbewusstsein. Handlungsfähigkeit ermöglicht Haltung und Haltung ist verkörperte Würde.

## Morgenroutine: Meine Traumanalyse

Inhalt meines Traumerlebnisses:

Mögliche Botschaft:

# Meditation:
## Bodyscan zur Tiefenentspannung

Diese tiefenentspannende Methode funktioniert am besten im Liegen und hilft auch bei Einschlafproblemen.

Gehe bitte wie folgt vor:

1. Lege dich auf den Rücken. Komme zur Ruhe, richte es dir bequem auf deiner Matte oder dem Untergrund deiner Wahl ein. Wenn du magst, nimm dir eine Decke, damit du nicht auskühlst. Deine Beine ruhen hüftbreit auf der Matte, die Füße sinken nach außen; die Arme liegen mit geöffneten Achseln neben dir auf dem Boden, die Handinnenflächen sind nach oben geöffnet. Rücke das Kreuzbein ein wenig nach vorne, sodass die Lendenwirbelsäule nicht ins Hohlkreuz kippt. Wenn du Rücken und Knie noch mehr entlasten möchtest, kannst du auch noch ein Kissen unter die Kniekehlen schieben. Die Halswirbelsäule wird auch im Liegen lang, das Kinn neigt sich leicht Richtung Brustbein, die Schultern sind von den Ohren weggezogen. Dann schließe die Augen, lasse die Augenlider ganz weich werden und atme tief in den Bauch ein.

2. Nimm die Formation deines Körpers wahr, an welcher Stelle dein Körper endet, vermesse in deiner Vorstellung deine individuelle Anatomie. Vertiefe dich gedanklich in das skelettale Gerüst deiner Proportionen: die Breite deines Beckens, die Länge deiner Beine, die Tiefe deines Brustkorbs ... Mit welchen Körperteilen berührst du den Untergrund, auf dem du liegst? Hinterkopf, Schulterblätter, Oberschenkel, Waden, Fersen? Scanne vom Scheitel bis zur Sohle, was aufliegt und was freiliegt. Spüre in deine Haut hinein, nimm die Kleidung auf deiner Haut wahr, den Widerstand deines Untergrunds. Falte deine Hände ineinander und spüre die Haut-

flächen aufeinanderliegen. Qualifiziere in Gedanken die unterschiedlichen Kontaktflächen: den haptischen Eindruck von Hautkontakt, den Kontakt mit Textilien, mit deinem Untergrund oder auch einfach nur den Kontakt mit der Luft.

3. Dann gib das Gewicht deines Körpers vollständig an den Boden ab. Erfahre die Erdung deines Körpers und lasse dich fallen, spüre, wie der Boden dich auffängt und trägt. Versuche, bis in die letzte Faser Anspannung aus der Muskulatur weichen zu lassen. Extremitäten und Rumpf sind entspannt. Der Nacken ist entspannt. Die Gesichtszüge sind entspannt: Die Zunge liegt weich in ihrem Bett, du schweigst. Spüre, wo sich deine Haare aus ihren Wurzeln hervortun. Versuche einmal, wortwörtlich deine Kopfhaut loszulassen und gehe auf Abstand zu den Regungen deines Geistes: Gedanken kommen und gehen. Lasse sie ziehen, beobachte und beschreibe sie wie ein Außenstehender, bewerte sie nicht als Betroffener. Alles, was du fühlst, speist sich jetzt ausschließlich aus deiner augenblicklichen körperlichen Gegenwart. Deine Stirn wird ganz glatt. Dein gesamter Stirn- und Augenbereich entspannt sich immer tiefer, bis hin zu deinen Ohren und deinem Scheitel. Lasse deinen Kiefer entspannt auseinanderfallen, sodass sich die Zahnreihen nicht mehr berühren und dein Mund sich leicht öffnet. Ober- und Unterkiefer fallen ganz locker auseinander. Spüre, wo die Zunge seitlich die Zähne berührt. Erspüre deine Mundhöhle, spüre, wie weit die Lippen in deinen Mundwinkeln noch aufliegen. Dann spüre hin zu den ersten beiden Wirbeln, auf denen dein Kopf aufliegt. Spürst du Druck am Hinterkopf? Spüre die Neigung deines Kopfes, ist deine Kehle entspannt und nicht zu stark komprimiert? Wandere in Gedanken die Wirbelsäule hinab, Wirbel für Wirbel, spüre, wo die Dornfortsätze sich in die Matte wölben, bis zum Bereich der Schulterblätter, prüfe, ob sich diese entspannt und ohne Druckaufbau in den Boden senken. Erspüre den Raum zwischen deinen Schulterblättern, wie weit sind sie voneinander entfernt?

Spüre auch deine Körpervorderseite, wenn du tief ein und ausatmest: wie sich die Rippen heben und senken, wie sich das Zwerchfell absenkt und wieder hinaufwandert. Spüre mit der Öffnung deines Brustkorbs die Weite in deinem Herzraum und den freien Fluss der Luft. Erspüre dein Steißbein, bringe dieses in die Lordose, wölbe es also nach außen, und spüre die Dehnung in deinen Lendenwirbeln, den Raum, den du zwischen deinen Wirbeln schaffst und damit Entlastung herstellst. Lasse den Beckenboden locker. Dein Unterbauch wird weich. Und dann überprüfe, wie dein Kreuzbein auf dem Boden aufliegt. Wo hat die Lendenwirbelsäule Bodenkontakt, wo nicht. Dein Hüftgelenk ist locker, deine Leistengegend geöffnet. Spüre, wie dein Bein vom Hüftgelenk in der leichten Außenrotation gehalten wird.

4. Dann wandere mit deiner Aufmerksamkeit deine Arme entlang bis zu den Händen. Erspüre die Fingerspitzen deiner rechten Hand, schweife von einem Finger zum anderen und beginne beim Daumen, taste dich gedanklich bis zur Spitze vor und verweile einen Augenblick dort, bis du weiterziehst zum Zeigefinger, zum Mittelfinger, zum Ringfinger und schließlich zum kleinen Finger. Wo berühren deine Finger den Grund? Mache dasselbe mit deiner linken Hand. Und schicke deine Aufmerksamkeit schließlich durch die Beine hin zu den Füßen und den Zehenspitzen. Wandere deine Zehen ab, vom großen bis zum kleinen Zeh. Und springe schließlich auch zu dem anderen Fuß. Ziehe dich wieder aus deinen Füßen zurück. Spüre den Blutfluss in deinen Extremitäten, wie alles gleichmäßig fließt und nirgendwo zu kribbeln beginnt. Der Blutfluss wärmt deinen Körper. Dein Körper fühlt sich warm und schwer an. Vertraue dein Gewicht weiter dem Boden an. Werde immer wärmer, schwerer, entspannter. Und in der entspannten Schwere beginnst du dich zugleich immer leichter zu fühlen. Wiederhole diesen Scan vom Scheitel bis zur Sohle in deinem Tempo und messe den Entspannungsgrad. Wo auch im-

mer es zwickt und zwackt, der Magen knurrt oder der Hals kratzt, versuche, dich davon nicht befangen zu lassen, und konzentriere dich auf den Vorgang des Scannens. Distanziere dich von deinen körperlichen Regungen ebenso wie von störenden Gedanken und konzentriere dich auf deine elementare körperliche Gegenwart und wie diese immer weiter mit deinem augenblicklichen Umraum resoniert.

5. Spüre verbliebene Verspannungen auf. Wo lässt du dich noch nicht komplett fallen? Wo verbietest du dir, in den Boden zu sacken? Lasse es zu, dass dein Körper immer schwerer wird. Gib mit jedem Atemzug mehr Gewicht und Verantwortung an den Boden ab und vertraue. Spüre die Ruhe, in allen Körperteilen, bis in die Zehen und Fingerspitzen, und stelle dir vor, wie du nahezu mit dem Boden verwächst, so leicht und locker wird dein Körper.

6. Dann komme allmählich wieder im Hier und Jetzt an und öffne deine Augen (oder lasse dich in den Schlaf gleiten).

## Impulsfragen

Wann warst du das letzte Mal richtig glücklich? Male dir den Moment in allen Details aus. Rekapituliere diese Erinnerungen in Momenten, in denen du Kraft schöpfen musst.

Oft hält auch ein Unglück eine wichtige Lektion für uns bereit. Wann warst du das letzte Mal sehr unglücklich? Was hast du möglicherweise daraus gelernt? Vielleicht hast du auch nur gelernt, was zu tun ist, um ein solches Unglück das nächste Mal zu vermeiden?

Was kannst du selbst zu deinem Glück beitragen? Agierst du eigenverantwortlich oder bist du defensiv und in deiner Erwartungshaltung befangen?

Welche Barrieren gibt es in dem von dir wertgeschätzten Bereich auszuleben? Liegen diese in dir selbst (Gedanken) oder im Außen?

Welche Dinge geschehen dir einfach und für welche solltest du dich verantwortlich fühlen? Kannst du vielleicht mehr beeinflussen und bist freier, als du denkst?

Kannst du für deine Fehler und Schwächen einstehen? Welche sind das?

Wie kannst du Zuversicht kultivieren? Zuversicht heißt: vorsichtig optimistisch zu sein, sich nichts schönzureden, aber auch nicht in destruktiven Pessimismus zu verfallen.

# Psychologischer Test

Welcher Persönlichkeitstyp bist du? Es gibt psychologische Modelle, wie das Enneagramm oder das Modell der zwölf Archetypen, nach denen sich verschiedene Persönlichkeitstypen klassifizieren lassen. Wer seinen persönlichen dominanten Typen kennt, kann seine Stärken und Schwächen sowie Handlungsmuster besser einschätzen, um dann über sich hinauszuwachsen. Kreuze alle folgenden auf dich zutreffenden Aussagen an (Mehrfachbenennung ist möglich) und ermittle anhand der Summe deinen seelischen Archetypen.

**Was ist dir im Leben am wichtigsten?**

Anderen Menschen mein Wissen weiterzugeben. **L**

Zeit mit Familie und Freunden zu verbringen. **HL**

Gutes auf der Welt zu vollbringen. **V**

Innovationen für ein leichteres Leben voranzutreiben. **G**

Die Welt ästhetisch zu bereichern. **KL**

Zu verstehen, warum die Welt so ist, wie sie ist. **W**

Menschen zum Lachen und Weinen zu bringen und nachdenklich zu stimmen. **N**

Meinen Beitrag für eine gerechtere Welt zu leisten. **HD**

Anderen Menschen zu helfen. **KR**

**Ich bin richtig glücklich, wenn ich ...**

... andere an meinen Erfahrungen teilhaben lassen kann.    **L**

... mich einem Menschen verbunden fühle.    **HL**

... eine höhere Erkenntnis über den Sinnzusammenhang der Welt erlange.    **V**

... eine Anregung für ein tolles Gadget bekomme.    **G**

... mich künstlerisch betätige.    **KL**

... in ein Buch vertieft bin.    **W**

... auf der Bühne oder vor der Kamera stehe.    **N**

... Menschen motivieren kann, bei einer guten Sache mitzumachen.    **HD**

... richtig motiviert und energiegeladen bin, um ein Projekt in Angriff zu nehmen.    **KR**

**Ich verbringe gerne Zeit damit, ...**

... Neues zu lernen und zu vermitteln.    **L**

... mit meinen Liebsten etwas Schönes zu unternehmen.    **HL**

... höhere Einsichten unter die Menschen zu bringen.    **V**

... ein Patent für eine Erfindung anzumelden.    **G**

... im Flow und allein mit meiner Kunst zu sein. **KL**

... ein kompliziertes wissenschaftliches Theorem zu lösen. **W**

... verschiedene Rollen zu spielen. **N**

... mich ehrenamtlich zu betätigen. **HD**

... mich sportlich zu betätigen. **KR**

**Ich bin schlecht drauf, wenn ...**

... ich vergeblich versuche, etwas zu vermitteln. **L**

... ich das Gefühl habe, dass ich ausgenutzt werde. **HL**

... mir das Leben sinnlos und zufällig erscheint. **V**

... ich das Gefühl habe, vor lauter Arbeit auszubrennen. **G**

... das Ergebnis meines Tuns nicht meiner Vision entspricht. **KL**

... ich es mit unverständigen Menschen zu tun habe. **W**

... ich mit dem Missmut und der Launenhaftigkeit
anderer Menschen konfrontiert bin. **N**

... ich das Gefühl habe, die Menschen scheren sich nicht
um die Zukunft des Planeten. **HD**

... man mir Fesseln anlegt und mich nicht machen lässt. **KR**

**Die meisten Komplimente bekomme ich für ...**

... mein Geschick, komplizierte Inhalt einleuchtend
darstellen zu können.                                                   L

... meine Empathiefähigkeit und Hilfsbereitschaft.          HL

... meine Intuition und Menschenkenntnis.                      V

... meine Geschäftstüchtigkeit.                                        G

... meine kreative Produktivität.                                       KL

... meinen Bildungshorizont.                                            W

... mein Talent als Rampensau.                                         N

... meinen Idealismus.                                                     HD

... meine Unermüdlichkeit und Couragiertheit.             KR

## Auswertung

Trage hier die Summe deiner Punkte ein. Wer bist du?

**L = Lehrer*in – Punkte:**          Du verstehst dich auf eine verständli-
che Didaktik und bist ein*e einfühlsame* Pädagoge*in, eignest dich als
Coach ebenso wie als Hochschuldozent*in.

HL = Heiler*in – Punkte:      Du verfügst über eine hohe emotionale Intelligenz, bist altruistisch und harmoniebedürftig, bist der/die geborene Arzt/Ärztin, Therapeut*in oder Sozialarbeiter*in.

V = Visionär*in – Punkte:      Du brennst darauf, die großen Fragen des Lebens zu erhellen, und hast eine spirituelle Mission.

G = Geschäftsmann/-frau – Punkte:      Du bist der pragmatische Unternehmergeist, der im Hier und Jetzt lebt und das Leben möglichst angenehm gestalten will.

KL = Künstler*in – Punkte:      Du betrachtest den gestalterischen Akt als etwas nahezu Heiliges und strebst danach, die Wirklichkeit ästhetisch zu bannen.

W = Weise*r: – Punkte:      Du bist der Denker, mehr Theoretiker als Praktiker, dessen Wissbegierde keine Grenze kennt, und folgst dem aristotelischen Grundsatz: die Welt nicht erobern, sondern verstehen.

N = Narr/Närrin: – Punkte:      Kinder, Betrunkene und Narren sagen die Wahrheit. Du bist keine Witzfigur, sondern ein Comedian, Schauspieler oder TED-Talker – ziehst Menschen mit deinem Programm in den Bann.

HD = Held*in – Punkte:      Du machst die Welt ein Stückchen besser: Setzt dich für die Armen und Schwachen ein und lässt nicht von deinen aktivistischen Idealen ab.

KR = Krieger*in – Punkte:      Du bist der Macher, der Stürmer und Dränger, lässt Taten auf Worte folgen, hast einen ausgeprägten Machtinstinkt und schaffst dir dein Denkmal.

## Ritual

Erstelle eine Löffelliste: Welche glücklichen Momente und schönen Dinge will ich im nächsten Jahr oder in den nächsten Jahren unbedingt erlebt haben? Welchen aktiven Beitrag zu meinem Lebensglück leisten? Schiebe ich eine Reise zu weit entfernten Freunden schon seit Jahren vor mir her oder würde ich gerne einen Partner kennenlernen und scheue die Anmeldung bei einer Dating-App? Nimm dir vor, in diesem Jahr mindestens einen Eintrag auf deiner Löffelliste in Angriff zu nehmen und einen aktiven Beitrag zu einem erfüllten Leben zu leisten.

## Dein persönliches Krafttier

Was ist heute dein persönliches Krafttier? Kannst du dich dem Büffel anvertrauen oder schwebt dir ein anderer Patron vor? Wie willst du dich mit deinem tierischen Seelengefährten verbinden?

## Lektüre

Jasmin Schreiber: *Marianengraben* (2020)

Jasmin Schreiber erzählt in diesem Buch, wie die Protagonistin Paula nach dem Verlust ihres geliebten Bruders durch eine skurrile Begegnung nachts auf dem Friedhof wieder aus der Tiefsee ihrer Depression ins Leben zurückfindet.

## Musikempfehlung

Grandbrothers: *Open* (2017)

Das in Düsseldorf ansässige deutsch-schweizerische Musikduo Grandbrothers verbindet in *Open* Klavierkompositionen mit Electronica-Elementen.

## Filmtipp

*The Fountain* (US 2006)

Wissenschaftler Tommy Creo arbeitet in Darren Aronofkys *The Fountain* verzweifelt an einer neuen Heilmethode für Krebs – die Zeit drängt: Seine Frau Izzi ist unheilbar krank. Den eigenen Tod vor Augen schreibt sich diese immer weiter in die Geschichte des Konquistadors Tomas hinein, die sie ihrem Mann vermachen will. Der Protagonist des 16. Jahrhunderts schlägt sich durch den südamerikanischen Dschungel, um in einem Maya-Heiligtum den Quell ewigen Lebens aufzuspüren, und hinterlässt seinem Leser eine Fährte durch Raum, Zeit und Transzendenz.

# 9. Rauhnacht:

## 2. JANUAR

| Feiertag/ Gedenktag | – |
|---|---|
| **Monat** | September – steht für: Spätsommer, eine Zwischenzeit zwischen Sommer und Herbst, Zeit zum Innehalten und Verweilen |
| **Thema** | Lebenserkenntnis; Vision |
| **Namenstag** | Gregor – Kirchenlehrer und Vertreter eines christlichen Humanismus |
| **Keltischer Baumkalender** | Weide, Lebensbaum der Vitalität (3.9. bis 12.9.); Linde, Lebensbaum der Harmonie (13.9. bis 22.9.); Olivenbaum, Lebensbaum der Weisheit (23.9.); Haselnuss, Lebensbaum der Wahrheit (24.9. bis 3.10.) |
| **Krafttier** | Wolf – Lebensgeheimnis |

Zünde eine Kerze an und lade das Licht in dein Leben: Heute geht es darum, sich den kommenden Herausforderungen zu stellen und das Wesen des Lebens zu begreifen: nach Erkenntnis zu streben, verkörpert durch das Licht, das die Dualität des Lebens ausleuchtet. Alles Seiende hat zwei Seiten: Der Feuergott Heimdall verkörpert ähnlich wie der indische Agni das schöpferische Feuer, während Loki das destruktive Feuer entzündet. Vom doppelgesichtigen Gott Janus, dem Sohn des Saturn, bis zum Hell-Dunkel-Kontinuum des indischen Tantrismus: Dualismen beschäftigen die Menschheitsgeschichte seit Beginn an, strukturieren

sie doch unsere tägliche Wahrnehmung der Welt. Die Dunkelheit der Rauhnacht macht Angst, bedrängt uns mit existenziellen Fragen und lässt uns unsere Schattenseiten erblicken. Das neue Jahr ist Realität, der Winter jedoch noch lange nicht vorbei. Dabei benötigen wir für unser Leben und Erleben beide Seiten: hell und dunkel. Wir brauchen die Sonne, um Vitamin D zu bilden und aktiv zu sein, und die Dunkelheit, um Melatonin zu bilden und schlafen zu können. Die Nacht nährt uns also gleichermaßen wie der Tag. Zu einer glückenden Lebensführung gehört es daher, die Graustufen des Lebens zu integrieren: Die Wahrheit liegt in der Mitte. Die Dunkelzeit der Rauhnächte mit ihrer Lichtgeburt sensibilisiert uns für die Doppelnatur allen Lebens, und so liegt es an uns, hell und dunkel, schön und schrecklich miteinander zu versöhnen. Das umfasst ganz konkret die Akzeptanz dessen, was uns nicht glücken will: Auch negative Erfahrungen bewirken positive Entscheidungen, und Leiderfahrung ist immer auch eine Charakterschulung, wie wir schon an einer der vorherigen Rauhnächte erfahren haben.

So erzählt auch die nordische Mythologie von Baldur als Hoffnungsträger, ähnlich einer Christusfigur. Ein netter, schöner, beliebter Jüngling, der aber keine besonderen Fähigkeiten hat. Er wird ermordet und ersteht wieder auf: geläutert. Er verbrachte Zeit in der Unterwelt, wo er seinem eigenen Schatten wie den Schatten der Welt und des Lebens im Allgemeinen begegnet ist. Er wird verständig und einsichtig, die Erfahrung seines Untergangs und Elends ist eine Initiation, nach der er gestärkt und einsichtig zu neuem Leben aufersteht.

Und auch die Vergänglichkeit ist Teil und Voraussetzung des Kontinuums von schön und schrecklich: In der nordischen Mythologie wird Ragnarök als der Weltuntergang beschrieben, dem vor allem im Zuge seiner Rezeption im Opernzyklus von Wagners *Der Ring der Nibelungen* etwas Absolutes, Endgültiges anhaftet. Tatsächlich ist dieser aber (ähnlich wie im fernöstlichen vedischen Weltbild) Teil eines Kreislaufes:

Auf Weltuntergang folgt Weltwiedererstehung. Wie bei der Sintflut überleben ein Menschenpaar und ein paar Götter und die Welt ersteht aus ihrer Asche wieder auf. Und dies ist ein ewiger Zyklus. Das Leben versteht sich als Kreis ohne Anfang und Ende, die Endlichkeit wird als Illusion enttarnt. Daher gilt es, die zyklische Realität allen Seins anzunehmen und den negativen Seiten die positiven gegenüberzustellen.

## Morgenroutine: Meine Traumanalyse

Inhalt meines Traumerlebnisses:

_____

_____

_____

_____

Mögliche Botschaft:

_____

_____

_____

_____

# Meditation: Maitri-Meditation

Die Maitri-Meditation, auch genannt Metta-Meditation, heißt wörtlich übersetzt »Meditation der liebenden Güte«. In ihr werden Dankbarkeit, Mitgefühl, Liebe sowohl für andere als auch einen selbst kultiviert. Eine solche Liebende-Güte-Meditation kann sich auch auf die Vergebung richten, was in der fernöstlichen Philosophie eine große Rolle spielt: Wir bewegen uns weg vom Opferlamm zum Glücksschmied unseres Lebens. Wir können loslassen und nach vorne schauen: neue Chancen ergreifen. Es geht nicht um illegitime Absolution oder masochistische Selbsterniedrigung, sondern darum, sich zu befreien und weiterziehen zu können. Liebende Güte ermöglicht, Kränkungen zu überwinden. Es geht auch nicht um traumatische Erfahrungen wie körperliche oder seelische Misshandlung, sondern um die Überwindung unserer täglichen kleinen narzisstischen Kränkungen und Befindlichkeiten.

Gehe bitte wie folgt vor:

1. Lege dich jetzt in der Savasana-Stellung, der sogenannten Totenstellung, also in entspannter Rückenlage mit geschlossenen Augen, hin und komme zur Ruhe. Richte es dir bequem auf deiner Matte oder dem Untergrund deiner Wahl ein. Wenn du magst, nimm dir eine Decke, damit du nicht auskühlst. Überprüfe deine entspannte Rückenlage, die Beine ruhen hüftbreit auf der Matte, die Füße sinken nach außen; die Arme liegen mit geöffneten Achseln neben dir auf dem Boden, die Handinnenflächen sind nach oben geöffnet. Rücke das Kreuzbein ein wenig nach vorne, sodass die Lendenwirbelsäule nicht ins Hohlkreuz kippt. Wenn du Rücken und Knie noch mehr entlasten möchtest, schiebe bitte ein Kissen unter die Kniekehlen. Die Halswirbelsäule wird auch im Liegen lang, das Kinn neigt sich wieder leicht Richtung Brustbein, die Schultern sind von den Oh-

ren weggezogen. Dann schließe die Augen, lasse die Augenlider ganz weich werden und nimm drei tiefe Atemzüge. Erfahre die Erdung deines Körpers und lasse dich fallen, spüre, wie der Boden dich auffängt und trägt. Versuche dabei, bis in die letzte Faser Anspannung aus der Muskulatur weichen zu lassen. Extremitäten und Rumpf sind entspannt. Der Nacken ist entspannt. Die Gesichtszüge sind entspannt: Die Zunge liegt weich in ihrem Bett, du schweigst. Und mit deinen geschlossenen Augen richtest du deinen Blick nach innen und grenzt dich ab von deinem Umraum. Nimm Geräusche und Gerüche in deiner Nähe wahr, ohne sie zu qualifizieren, und lasse sie vorüberziehen. Besinne dich auf deine unmittelbare, hiesige Gegenwart und spüre, was es heißt, einfach nur zu sein. Lasse dich nicht von negativen Gefühlen und Gedanken befangen. Was fühlst du in diesem Moment? Was geht dir durch den Kopf? Lasse das Gefühl ziehen, beschreibe es objektiv und neutralisiere es auf diese Weise. Identifiziere dich nicht vollständig mit dem Gefühl. Die Gefühle kommen und gehen und nutzen unser Bewusstsein als Projektionsfläche. Atme tief ein und versuche, das unangenehme Gefühl abzuatmen. Gefühle entstehen durch wertende Gedanken und Wahrnehmungen. Versuche, mit jedem Mal mehr dem Abschweifen deiner Gedanken Einhalt zu gebieten und ihren negativen Inhalt zu neutralisieren: Ein Gedanke ist nur ein Gedanke. Und du bist mehr als die Summe deiner (negativen) Gedanken und du bist mehr als deine augenblicklichen Gefühle. Im Rahmen dieser Meditation solltest du versuchen, verdrießliche Gedanken und quälende Gefühle dadurch zu tilgen, dass du eine wohlwollende Haltung einübst. Wir Menschen sind als evolutionäre Wesen darauf ausgerichtet, eher das Negative wahrzunehmen – dieser Fokus sichert unser Überleben. Das Glas ist jedoch halb voll oder halb leer. Übe daher den fairen Blick und schaue dir dein Leben genau an. Wofür bist du heute dankbar? Was ist heute Schönes passiert inmitten all der Mühsal?

2. Atme tief ein ... und aus ...

3. Nur wenn du mit dir im Reinen bist, kannst du auch harmonische Beziehungen führen. Nur wenn es dir gut geht, kannst du gut zu anderen sein. Nur wenn du gefestigt bist, kannst du anderen Menschen helfen. Selbstfürsorge und Selbstmitgefühl sind kein Egoismus. Sie sind der Anfang eines friedlichen Miteinanders. Sei nachsichtig mit dir und verzeihe den anderen ihre Fehler. Was hast du heute geschafft? Worauf darfst du stolz sein, was dir anerkennen?

4. Atme tief ein ... und aus ...

5. Hattest du heute eine wichtige Lebenseinsicht? Hast etwas Entscheidendes verstanden, das dich weiterbringt?

6. Atme tief ein ... und aus ...

7. Dann blicke zurück auf die Woche. Wofür bist du in dieser Woche dankbar? Verfolge die vergangenen Tage noch einmal zurück, rekapituliere die Ereignisse. Was ist Außergewöhnliches passiert?

8. Und worauf bist du stolz? Was hast du in dieser Woche für dich oder andere vollbracht?

9. Und was hast du begriffen? Wer oder was hat dich etwas Wertvolles gelehrt?

10. Atme tief ein... und aus ...

11. Blicke zurück auf das vergangene Jahr. Wofür bist du dankbar? Worauf bist du stolz? Und was ist vorangegangen, wo hast du dich entwickelt und Erfahrungen gesammelt?

12. Und dann betrachte dein bisheriges Leben, deine private Biografie, deinen beruflichen Werdegang. Wofür bist du dankbar in deinem Leben? Welche bereichernden Begegnungen mit Menschen durftest du machen? Was möchtest du nicht missen? Was liegt dir am Herzen und will von dir bekümmert werden?

13. Was hast du in deinem bisherigen Leben erreicht, welche Krisen hast du gemeistert, welche noch so kleinen Dinge geschafft, die dir wichtig waren?

14. Womit hat dich die Natur gesegnet, mit welchen Fähigkeiten, auf welche Lebensleistungen blickst du bereits zurück? Sei dabei nicht zu bescheiden, sondern erkenne an, wer du bist und was du kannst. Und was möchtest du noch erreichen und lernen? Was wünschst du dir vom Leben?

15. Verweile noch einen Moment bei dem Gefühl der Dankbarkeit. Und spüre in dich hinein, was dieses Gefühl mit dir macht, wie es dich in die Entspannung überführt, wie du gelöster wirst.

16. Dann spüre die Anerkennung und Zufriedenheit. Wie du dich besänftigt fühlst.

17. Und dann spüre schließlich, wie du innerlich wächst ... an Erfahrungen und Einsichten.

18. Dann beginne dich zu recken und zu strecken, wie nach einem erholsamen Schlaf. Komme langsam wieder zurück ins Hier und Jetzt und stimme zum Abschluss dieser Meditation ein langes Ommm an, die Frequenz und den Urlaut Brahmans, wahlweise kannst du das Ommm auch innerlich tönen.

19. Öffne allmählich die Augen und setze dich auf. Verschränke die Hände zum Anjali Mudra vor deinem Herzen und fasse den Beschluss, die von dir eingeübte wohlwollende Haltung in die Welt hinauszutragen.

## Impulsfragen

✦

Spürst du Fülle oder Mangel in deinem Leben? Erlaubst du dir genügende Sinnesfreuden, ohne in Süchte zu verfallen? Durch welche körperliche Aktivität oder Erfahrung fühlst du dich lebendig? Wann hast du dich zuletzt richtig für die Fülle des Lebens geöffnet und im Hier und Heute gelebt?

Kannst du das Leben in seiner Ambivalenz annehmen und lieben? In welchem Moment hast du dich zuletzt als Teil eines großen (Natur-)Kreislaufes betrachtet und dich darin aufgehoben und geborgen gefühlt?

Was haben negative Dinge vielleicht sogar Gutes in deinem Leben bewirkt? Durch welchen Verlust konntest du in der Vergangenheit Neues schaffen? Versuche, die Vergänglichkeit als Voraussetzung für positiven Wandel zu sehen, die Zeit nicht nur als Zerstörung von Liebgewonnenem, sondern auch als Wundheilung zu betrachten. Überlege, wie du eine unabwendbare dir widerfahrende Situation zum Guten wenden könntest. Versuche, das camussche *Und Trotzdem!* zu leben.

## Psychologischer Test

Der faire Blick/Realitätscheck: Ist das Glas halb leer oder halb voll? Sei ehrlich zu dir selbst – in dem Fall rational: Ist deine Lebenssituation wirklich
so negativ oder bist du in einer negativen Sichtweise befangen? Befülle die
linke Spalte mit den von dir wahrgenommenen unerfreulichen Lebensas-
pekten und liste rechts all die Dinge auf, die positiv sind. Versieh die jeweiligen Aspekte mit einer Punktzahl auf einer Wichtigkeitsskala von 0 (un-
bedeutend) bis 3 (sehr wichtig) und zähle das Ergebnis zusammen.

| Negative Lebensaspekte | Bewertung mit Punkten | Positive Lebensaspekte | Bewertung mit Punkten |
|---|---|---|---|
|  |  |  |  |
|  |  |  |  |
|  |  |  |  |
|  |  |  |  |
|  |  |  |  |
|  |  |  |  |
|  | Summe _____ |  | Summe _____ |

Was sagt die Punktzahl, was sagt der Verstand? Die Realität stellt sich
doch oft weniger schlecht dar als gedacht beziehungsweise gefühlt.
Denke einmal intensiv darüber nach.

# Ritual

Evolutionsbedingt richtet unser Gehirn in seinem Überlebensmodus die Aufmerksamkeit auf die negativen Dinge, dabei ist unsere Lebensrealität häufig weniger negativ als gedacht. Eine tägliche Dankbarkeitspraxis hilft dir, positive Gefühle zu kultivieren. Nimm dir zum Abschluss des Tages oder der Woche jeden Abend fünf Minuten Zeit, um im Rahmen einer kurzen Metta-Meditation zurückzublicken. Wenn du magst, kannst du diese Meditation auch durch eine Trataka-Meditation erweitern und eine Kerze entzünden, auf die du zur Fokussierung eine Minute lang blickst. Was war positiv an diesem Tag, in dieser Woche, in diesem Jahr? Was habe ich erfahren und gelernt, wofür bin ich dankbar? Wo habe ich mich weiterentwickelt? Mache dir eine innerliche Notiz davon.

## Dein persönliches Krafttier

Was ist heute dein persönliches Krafttier? Kannst du dich dem Wolf anvertrauen oder schwebt dir ein anderer Patron vor? Wie willst du dich mit deinem tierischen Seelengefährten verbinden?

## Lektüre

Hermann Hesse: *Der Steppenwolf* (1927)

»Nur für Verrückte«, wie der Autor vorausschickt. Hermann Hesse schrieb mit seiner zerrissenen Seele *Steppenwolf* (1927) Literaturgeschichte und avancierte mit seinem Klassiker zur Ikone der 1968er-Bewegung. An Aktualität hat die Lektüre nicht im Geringsten eingebüßt.

## Musikempfehlung

Brian Eno: *Another Day on Earth* (2005)

Brian Enos *Another Day on Earth* ist ein musikgeschichtlich wegweisender Klassiker des Ambient und Electronic Sounds von dem britischen Mitbegründer von Roxy Music.

## Filmtipp

*Das Seil* (F 2021)

Schauplatz Helligskogen in Norwegen, ein astronomisches Observatorium. Die renommierten Wissenschaftler Bernhardt Mueller und seine Frau Agnes machen eine seltsame Entdeckung: Am Waldrand ist ein Seil aufgetaucht, das ohne ein Ende durch die Bäume führt. Die Beteiligten beschließen, dem Mysterium auf den Grund zu gehen – um jeden Preis. Eine Parabel auf unstillbare menschliche Neugierde und die Grenzen der Wissenschaftsgläubigkeit: *Das Seil* (F 2021), nach dem gleichnamigen Roman von Stefan aus dem Siepen (2012).

# 10. Rauhnacht:

## 3. JANUAR

| | |
|---|---|
| **Feiertag/ Gedenktag** | – |
| **Monat** | Oktober – steht für Fülle und Reife sowie die Zeit des langsamen Abschiednehmens |
| **Thema** | Vision und Realität |
| **Namenstag** | Adele – Klostergründerin und Nonne; Odilo – Abt des Klosters Cluny, setzte sich für die Verbreitung des Gottesfriedensgedankens ein, hat den Allerseelentag als Festtag eingeführt |
| **Keltischer Baumkalender** | Eberesche, Lebensbaum der Lebensfreude (4.10. bis 13.10.); Ahorn, Lebensbaum der Freiheit (14.10. bis 23.10.); Nussbaum, Lebensbaum des Neubeginns (24.10. bis 11.11.) |
| **Krafttier** | Eule – Klarsicht |

Wir nehmen erste Anläufe, unsere guten Vorsätze zu verwirklichen, und stolpern über erste Hürden. Die Wirklichkeit richtet sich nicht nach dem Wollen, unsere Lebensführung schwankt zwischen Lust- und Realitätsprinzip. Daher ist es so entscheidend, Prioritäten zu setzen, um Überforderung zu vermeiden. Aber auch Geduld und Beharrlichkeit müssen wir an den Tag legen, denn, wie der alte Spruch besagt: Gut Ding will Weile haben. Vieles ist für uns aber schlichtweg unerreichbar oder unlösbar, und hier hilft der Ansatz der Acceptance-and-Commitment-Therapie (ACT), der postuliert, dass man sich nicht länger gegen das Unabänderliche auflehnt, um dadurch die eigenen Kräfte zu schonen und sich auf das

Wesentliche zu konzentrieren: Psychisches Leiden ist nach dem Ansatz der ACT nicht nur Folge der problematischen Emotion oder Kognition selbst, sondern auch des krampfhaften Versuches, dieses zu kontrollieren oder zu beseitigen. Und durch den entkrampfenden Vorgang der Akzeptanz kann auch ein Abklingen des Leidens begünstigt werden. Hier setzt auch das sogenannte Reframing an, bei dem Last und Leid durch Umkontextualisieren eine andere Bedeutung verliehen wird. Wertung und Bedeutungszuschreibung sind entscheidend für das Leid-Erleben. In der Meditation findest du dazu eine buddhistische Parabel auf diese Einsicht, die Metapher der zwei Pfeile: Es liegt nur an dir, wie du mit etwas Negativem umgehst und ob du dein Leid vertiefst oder es eher vermeidest.

## Morgenroutine: Meine Traumanalyse

Inhalt meines Traumerlebnisses:

_____

_____

_____

Mögliche Botschaft:

_____

_____

_____

## Meditation:
## Den Affengeist bändigen

In der fernöstlichen Philosophie ist das entscheidende Hindernis für die Erfahrung der erlösenden All-Verbundenheit die Identifikation mit dem Verstand. Dadurch sind wir befangen in Konzepten, Begriffen, Vorstellungen, wodurch die Beziehung zum wahren Sein verstellt wird und wir der Illusion des Getrenntseins unterliegen. Das lärmende Denken verschleiert den Raum der inneren Stille. Und dieser Gedankenschleier verstellt nicht nur das wahre Selbst, sondern trübt auch die Beziehung zur Umwelt und zu den Mitmenschen. Denn unser bewertendes Denken speist wiederkehrend Denkmuster, innere Tonbänder in einer Dauerschleife, subjektive Bewertungen von Erlebnissen. Das heißt: Nicht ich benutze meinen Verstand, sondern der Verstand benutzt mich. Indem ich mich von den Wertungen des Verstands distanziere, gelingt es mir auch, mich von negativen Eindrücken zu distanzieren. Im Buddhismus gibt es hierfür die Metapher der zwei Pfeile: Der erste Pfeil schießt in die Brust und verursacht Schmerzen. Daran können wir nichts ändern. Der ungeübte Geist versetzt sich nun aber noch einen zweiten Pfeil, indem er klagt und flucht und sich gegen den Schmerz auflehnt. Er vertieft damit die Leiderfahrung. Der Meditierende hindert sich hingegen daran, noch einen zweiten Pfeil hinterherzuschießen und dadurch den Schmerz zu steigern. Er entscheidet sich gegen das weitere Leid. Wenn wir uns nicht mehr so stark mit dem Denken und Urteilsvermögen identifizieren, können wir uns zusätzlich von leiderzeugenden Bewertungen befreien. Wir müssen also auf Distanz zu unserem inneren Denker gehen und zum Zeugen unserer Gedanken werden. Jenseits dieser Position erschließt sich das reine Sein. Das Ego ist nach fernöstlicher Auffassung hingegen ein Phantomselbst.

Gehe bitte wie folgt vor:

1.  Lege dich auf den Rücken. Komme zur Ruhe, richte es dir bequem auf deiner Matte oder dem Untergrund deiner Wahl ein. Wenn du magst, nimm dir eine Decke, damit du nicht auskühlst. Deine Beine ruhen hüftbreit auf der Matte, die Füße sinken nach außen; die Arme liegen mit geöffneten Achseln neben dir auf dem Boden, die Handinnenfläche sind nach oben geöffnet. Rücke das Kreuzbein ein wenig nach vorne, sodass die Lendenwirbelsäule nicht ins Hohlkreuz kippt. Wenn du Rücken und Knie noch mehr entlasten möchtest, kannst du auch noch ein Kissen unter die Kniekehlen schieben. Die Halswirbelsäule wird auch im Liegen lang, das Kinn neigt sich leicht Richtung Brustbein, die Schultern sind von den Ohren weggezogen. Dann schließe die Augen, lasse die Augenlider ganz weich werden und atme tief in den Bauch ein. Erfahre die Erdung deines Körpers und lasse dich fallen, spüre, wie der Boden dich auffängt und trägt. Versuche, bis in die letzte Faser Anspannung aus der Muskulatur weichen zu lassen. Extremitäten und Rumpf sind entspannt. Der Nacken ist entspannt. Die Gesichtszüge sind entspannt: Die Zunge liegt weich in ihrem Bett, du schweigst. Versuche einmal, deine Kopfhaut loszulassen, und gehe auf Abstand zu den Regungen deines Geistes: Gedanken kommen und gehen. Lasse sie ziehen, beobachte und beschreibe sie wie ein Außenstehender, bewerte sie nicht als Betroffener. Alles, was du fühlst, speist sich jetzt ausschließlich aus deiner augenblicklichen körperlichen Gegenwart.

2.  Stelle dir für die folgende Übung einen Wecker für drei bis fünf Minuten oder spiele ein Lied in binauralen Klängen ab und versuche, die beschriebene Fokussierung für diesen Zeitraum durchzuhalten.

3.  Die Stirn ist frei und klar. Yoga ist der Weg, den Affengeist zu bändigen, der in deinen Gehirnwindungen umherspringt, als würde er sich von einem Ast zum nächsten schwingen, und der dich mit

seinen Zurufen unablässig mit der Vergangenheit und der Zukunft verbindet. Du nimmst permanent Eindrücke von außen auf
und reagierst darauf emotional, oft unbewusst. Du befindest dich
in Manomaya Kosha, der Geisteshülle. Hier finden sich deine persönlichen Triggerpunkte und Reizthemen. Du willst dir Anandamaya Kosha erschließen: die Hülle der Glückseligkeit. Zähme den
Affengeist und versuche, die dich aufwühlenden Gedankenwel-
len zu glätten, um deine Wahrnehmung an die Erfahrung des Au-
genblicks zu heften. Rücke ab von der emotionalen Färbung deiner Gedanken, unterlasse jegliche Bewertungen von Eindrücken
und Erfahrungen, die in diesem Augenblick auf dich einwirken.
Nehme sie in ihrem Sosein wahr und werde dir bewusst, dass du
mehr bist als deine Gedanken, löse dich aus der Identifizierung mit
dem Gegenstand deines Denkens und übe dich darin, dein mei-
nendes Selbst, dein Ego, zu kultivieren, um das in dir schlummern-
de seiende Selbst entdecken zu können, den inneren Beobachter
aufzuspüren, der in der Lage ist, sich über die weltlichen Verstri-
ckungen zumindest zeitweise zu erheben.

## Impulsfragen

Wie setzt du deine Gedanken realistisch in Taten um? Wie solltest du
deine Lebensenergie worauf verwenden?

Welche Wege und Mittel stehen dir offen, um deine Lebenssituation zu verbessern? Was steht in deiner Macht? Wo stößt du an deine Grenzen?

---

---

---

---

---

Was ist dir wirklich wichtig, was solltest du doch besser zurücklassen?

---

---

---

---

---

Stellst du dich Problemen und Herausforderungen oder vermeidest du Konfrontationen? Welche Hürden wollen aktuell von dir genommen werden?

_____

_____

_____

_____

_____

Wo musst du mehr Ordnung in dein Leben bringen, wo zu viel Ordnung und Starrheit aufbrechen? Was willst du in dein Lebensnetz einweben, welche Fäden abreißen lassen?

_____

_____

_____

_____

# Psychologischer Test

Fertige eine Prioritätenliste an: Formuliere konkrete und erreichbare Ziele und hierarchisiere sie nach dem unten stehenden SMART-Modell. Um ein erfolgreiches Coaching-Ziel zu formulieren, müssen die folgenden fünf Kriterien beziehungsweise Zieleigenschaften erfüllt sein:

1. Spezifität: Das Ziel muss genau definiert sein. Beispiel: »Ich tue künftig etwas für meine Gesundheit, indem ich jeden Tag spazieren gehe.«

2. Messbarkeit: Das Ziel sollte möglichst terminiert und im Umfang konkretisiert sein. Beispiel: »Ich nehme mir für jeden Tag 7000 Schritte vor.«

3. Angestrebt: Das Ziel muss allgemein akzeptiert und begründet sein. Uns ist zum Beispiel allen bewusst, dass wir eigentlich gesünder leben müssten.

4. Realitätsnah: Das Ziel lässt sich verwirklichen. Beispiel: »7000 Schritte sind zu schaffen.«

5. Terminiert: Bestimme ein eindeutiges Datum. Beispiel: »Ab dem 1. Januar gehe ich jeden Tag spazieren.«

| SMART-Kriterium | Mein Coaching-Ziel |
|---|---|
| Spezifität | |
| Messbarkeit | |
| Anstrebbarkeit | |
| Realitätsbezug | |
| Terminierung | |

Wenn du deine Ziele aufschreibst und mithilfe des SMART-Modells ganz konkret formulierst, so hilft dir das dabei, diese auch zu erreichen. Denn zum einen wird ein Ziel viel klarer, wenn du es einmal so deutlich ausformulierst, und du wirst dir dieses Vorhabens sehr viel bewusster als zuvor. Zum anderen hilft dir die genaue Ausformulierung dabei, dein Vorhaben zu planen – im obigen Beispiel wird das Ziel, etwas für die Gesundheit zu tun, beispielsweise immer planbarer: jeden Tag spazieren gehen, 7000 Schritte pro Tag, Start am 1. Januar. So erlangst du Klarheit darüber, was du erreichen möchtest, wie du dies durchführst und wann du das Ziel umsetzt. Und nicht zuletzt wirkt ein in dieser Form aufgeschriebenes Ziel wie ein Vertrag mit dir selbst und du nimmst dich sozusagen selbst in die Verantwortung. So bist du viel motivierter, tatsächlich dieses Ziel in Angriff zu nehmen und auch zu erreichen.

## Ritual

Das sogenannte Waldbaden hat seinen Ursprung in China vor 2500 Jahren. Popularisiert wurde diese Praxis in den 1980er-Jahren in Japan als *Shirin Yoku* (wörtlich: »Eintauchen in die Waldatmosphäre«). Waldbaden wird definiert als bewusster Waldaufenthalt zur gezielten Erholung und Förderung der Gesundheit. Die Farbe Grün wirkt ebenso beruhigend wie die Waldgeräusche, wie das Blätterrauschen und Vogelgezwitscher. Außerdem stellt der Wald einen Raumwechsel vom Alltag dar. Darüber hinaus mehren sich Hinweise darauf, dass die »Grünkraft«, wie Hildegard von Bingen sie nannte, den Bluthochdruck harmonisiert oder sich positiv auf vegetative Probleme wie Schlafstörungen auswirkt. Die in der Waldluft enthaltenen ätherischen Öle, die sogenannten Terpene, die überwiegend in Nadelwäldern vorkommen, unterstützen wiederum das Kurieren von Lungenerkrankungen und

stimulieren das Immunsystem, indem sie die Bildung von Killerzellen anregen. Diese Stoffe werden im Waldgebiet gehalten wie unter einer Glocke – die dichten Hecken verhindern ein Diffundieren durch den Wind, und die Baumkronen bilden ein regelrechtes Dach. Somit hat das Waldbaden drei Effekte: Es hat eine gesundheitsfördernde Wirkung für den Körper, schult den Geist in Achtsamkeit und bietet der Seele spirituelle Rituale, in denen sich die Naturverbundenheit zelebrieren lässt.

Breche zu einem Waldspaziergang auf, und beginne dein achtsames Waldbaden damit, dass du als Erstes kurz stehen bleibst oder Platz nimmst und dein Umfeld sondierst. Fange bei einem ganz kleinen Ausschnitt des Waldbodens an, etwa 50 x 50 Zentimeter und inspiziere ihn bis ins allerletzte Detail. Welche Oberflächenstruktur haben die Blätter, die dort liegen? Beschreibe das Blatt bis zur letzten Rippe. Ergeben die Blätter ein Muster? Was ist das kleinste Detail, das du finden kannst? Versuche, so weit in den Mikrokosmos vorzudringen wie irgend möglich. Dann weite dein Blickfeld und beobachte die Vielfalt der Vegetation. Gibt es irgendetwas Sonderbares? Eine seltsame Astform, einen Stein in Herzform?

Wechsle zwischen deinen Sinneswahrnehmungen: Lausche, was der Wald zu erzählen hat, dem Lied der Vögel, dem Windrascheln und Holzknacken, dem Surren und Brummen von Insekten. Sortiere ein, was nah und fern ist. Greife etwas in deiner unmittelbaren Umgebung und befühle die Oberflächenstruktur. Rieche die Terpene: Sie duften besonders aromatisch nach einem Regenguss. Stelle dir vor, wie du die Terpene mit jedem Atemzug aufnimmst, zum Beispiel als feinen grünen Nebel, der deine Lungen und dann deine Adern flutet und schließlich in die Zellen sickert. Vielleicht hast du ein körperliches Leiden, dann stelle dir vor, wie der grüne Nebel diese Stelle wie ein grünes, natürliches Pflaster versorgt. Welche Gerüche nimmst du sonst wahr:

Riecht es modrig, würzig, nach Harzen, Erde, Schlamm, Laub oder Kräutern? Welcher Geruch dominiert heute?

Stelle dir vor, du bist ein Baum, aus deinen Füßen wachsen Wurzeln, die sich mit jedem Atemzug immer weiter in die Erde graben, bis du dich fest und stabil verankert fühlst. Alles Belastende gibst du an die Erde ab. Gleichzeitig schöpfst du aus dem Boden der nährstoffreichen Erde Energie. Spüre diese Energie durch deinen gesamten Körper, deine Adern fließen. Dann hebe die Arme und fächere sie zur Baumkrone auseinander. Atme durch deine gespreizten Finger, dein Blattwerk gibt auch hier Ungutes ab und nimmt Energie auf: Sonnenenergie.

## Dein persönliches Krafttier

Was ist heute dein persönliches Krafttier? Kannst du dich der Eule anvertrauen oder schwebt dir ein anderer Patron vor? Wie willst du dich mit deinem tierischen Seelengefährten verbinden?

## Lektüre

Ian McEwan: *Kindeswohl* (2017)

Ian McEwan erzählt in *Kindeswohl* von der Londoner Familienrichterin Fiona, die entscheiden muss, ob einem 17-Jährigen, der an Leukämie erkrankt ist und aufgrund seiner Zugehörigkeit zur Glaubensgruppe der Zeugen Jehovas Bluttransfusionen ablehnt, die lebensrettende Transfusion zwangsweise verabreicht werden soll.

## Musikempfehlung

Nils Frahm: *Spaces* (2013)

Der aus Hamburg stammende Pianist und Komponist von Neoklassik, gepaart mit minimalistischen Ambient-Elementen, Nils Frahm kreiert in *Spaces* unverkennbare und eigentümliche Klangwelten.

## Filmtipp

*Der innere Winter* (F 2021)

So sieht die französische Version von *The Shining* aus: Ein Haus in den Bergen, das an Heiligabend immer weiter zuschneit. Die Schriftstellerin Nathalie wartet mit ihrer Tochter Alice vergeblich auf das pünktliche Eintreffen der Festgesellschaft. Warum sie dafür nach einer längeren Schreibblockade auf einmal erstaunlich kreativ ist und Alice ihr immer fremder und seltsamer erscheint, wird erst in den letzten Minuten des Dreiteilers aufgelöst, in der Realität und (Alb-)Traum sich auseinanderdividieren. Der Film *Der innere Winter* entstand nach der Romanvorlage von Laura Kasischke: *Mind of Winter* (2015).

# 11. Rauhnacht:

## 4. JANUAR

| Feiertag/ Gedenktag | – |
|---|---|
| Monat | November – steht für Abschiednehmen, Loslassen |
| Thema | Endlichkeit |
| Namenstag | Angela/Angelika – Mystikerin und Visionärin |
| Keltischer Baumkalender | Kastanie, Lebensbaum der Offenheit (12.11. bis 21.11.), Esche, Lebensbaum der Energie (22.11 bis 1.12.) |
| Krafttier | Nachtigall – Liebe; Hoffnung |

Dieser Rauhnachttag steht im Zeichen der Endlichkeit und des Kreislaufs von Leben und Tod. Wir berühren heute existenzielle Grenzfragen, die nicht nur auf das kommende Jahr bezogen sind, sondern betreiben eine mittel- und langfristige Vorausschau. Die Endlichkeit treibt uns dazu, nicht alles aufzuschieben und ins Handeln zu kommen. Wir haben nicht ewig Zeit für unsere Pläne. Daher gilt es, das Jahr bestmöglich zu nutzen – statt *carpe diem* quasi *carpe annum* –, ohne in Stress zu verfallen. Die Endlichkeit stellt die Frage nach dem Sinn und fordert uns dazu auf, eine individuelle Antwort zu finden. Sie stimmt uns melancholisch ob des Verlusts geliebter Menschen und des eigenen begrenzten Zeithorizonts, fordert uns aber zugleich auf, nicht zu stagnieren: Der Tod ist bereits dem Leben selbst inhärent, Dinge sind vorü-

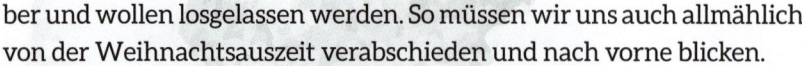

ber und wollen losgelassen werden. So müssen wir uns auch allmählich von der Weihnachtsauszeit verabschieden und nach vorne blicken.

## Morgenroutine: Meine Traumanalyse

Inhalt meines Traumerlebnisses:

_____

_____

_____

_____

_____

Mögliche Botschaft:

_____

_____

_____

_____

_____

# Meditation: Dharma-Meditation

Die Dharma-Lehre des Karma Yoga stellt die irdische Berufung des Menschen zur Diskussion. Sie fragt nicht nur, worin der Einzelne seine Bestimmung finden kann, sondern auch danach, wie er im Gesamtgefüge der Welt und der Gesellschaft seinen Zweck erfüllen kann. In der japanischen Weisheitslehre gibt es ein ähnliches Konzept namens *Ikigai*. Diese Meditation dient der Selbstbefragung nach der persönlichen Berufung und wahren Bestimmung auf Erden.

Gehe bitte wie folgt vor:

1. Lege dich jetzt in der Liegehaltung Savasana ab (siehe » Maitri-Meditation«) und komme zur Ruhe: Richte es dir bequem auf deiner Matte oder dem Untergrund deiner Wahl ein. Wenn du magst, nimm dir eine Decke, damit du nicht auskühlst. Überprüfe deine entspannte Rückenlage, die Beine ruhen hüftbreit auf der Matte, die Füße sinken nach außen; die Arme liegen mit geöffneten Achseln neben dir auf dem Boden, die Handinnenflächen sind nach oben geöffnet. Rücke das Kreuzbein ein wenig nach vorne, sodass die Lendenwirbelsäule nicht ins Hohlkreuz kippt. Wenn du deinen Rücken und die Knie noch mehr entlasten möchtest, schiebe bitte ein Kissen unter die Kniekehlen. Die Halswirbelsäule wird auch im Liegen lang, das Kinn neigt sich wieder leicht Richtung Brustbein, die Schultern sind von den Ohren weggezogen. Dann schließe die Augen, lasse die Augenlider ganz weich werden und nimm drei tiefe Atemzüge. Erfahre die Erdung deines Körpers und lasse dich fallen, spüre, wie der Boden dich auffängt und trägt. Versuche dabei, bis in die letzte Faser Anspannung aus der Muskulatur weichen zu lassen. Extremitäten und Rumpf sind entspannt. Der Nacken ist entspannt. Die Gesichtszüge sind ent-

spannt: Die Zunge liegt weich in ihrem Bett, du schweigst. Und mit deinen geschlossenen Augen richtest du deinen Blick nach innen und grenzt dich ab von deinem Umraum. Orte die Geräusche und Gerüche in deiner Nähe, ohne sie zu qualifizieren, und lasse sie vorüberziehen. Besinne dich auf deine unmittelbare, hiesige Gegenwart und spüre in diesem Moment, was es heißt, einfach nur zu sein. Lasse dich nicht von augenblicklichen Gefühlen und Gedanken befangen, um dich im Folgenden den wesentlichen Fragen stellen zu können. Denke nicht an das, was heute bereits war und noch sein wird, sondern fokussiere dich auf die Innenschau, um deinem ureigenem Wesen auf den Grund gehen zu können.

2. Deine Spurensuche führt dich zurück bis in die Kindheit und Jugend. Nimm dein früheres Ich in Augenschein: Wer warst du damals, wer bist du heute? Beobachtest du Diskrepanzen zwischen deinem früheren und jetzigen Ich? Was hast du dir als Jugendliche*r oder junge*r Erwachsene*r vorgestellt und wo stehst du heute? Was waren deine Neigungen und Leidenschaften im Kindesalter und welche davon pflegst du heute noch? Ist dein Weg einer persönlichen Entwicklung geschuldet oder hast du das Gefühl, schon einmal sehr genau gewusst zu haben, was du vom Leben erwartest, und bist dann falsch abgebogen? Hast du deinen Platz im Leben gefunden und machst das, was du wirklich willst, kannst und brauchst? Oder ist es an der Zeit, sich noch einmal neu zu erfinden und umzuorientieren? Vielleicht bist du gerade so gestimmt, dass du am liebsten dein ganzes Leben umkrempeln würdest, vielleicht sind es aber auch nur ein paar kleine Stellschrauben, an denen du gerne drehen würdest.

3. Atme tief ein und aus. Lasse deinen Atem natürlich und gleichmäßig fließen. Überprüfe nochmals, ob dein Körper entspannt liegt.

4. Was brauchst du wirklich? Was macht dich wirklich glücklich? Bei welchen Tätigkeiten kannst du die Zeit vergessen? Was sind deine kostbarsten Erinnerungen? Was fällt dir leicht, entspricht dir? Was

hat dich materiell, körperlich, emotional, spirituell, künstlerisch, sozial durch Krisen getragen? Was berührt dich im Leben? Welche Tätigkeiten bereichern dich? Welche Menschen inspirieren dich aufgrund welcher Qualitäten? Was würdest du in deinem Beruf tun, auch ohne Lohn? Was ist dir jetzt wirklich wichtig und auch noch in zehn Jahren?

5. Versuche, für dich Antworten auf diese Fragen zu finden, und versuche, nicht abzuschweifen und dich von Alltagsgedanken befangen zu lassen.

6. Atme tief ein und aus. Lasse deinen Atem fließen.

7. Was kannst du wirklich gut? Stelle dir die Frage: Wo liegen meine großen Stärken? Was kann ich Einzigartiges zur Welt beitragen, welche Lücke soll ich besetzen? Und was können andere genauso gut oder besser, wo sollte ich anderen den Vortritt lassen und einen anderen, meinen eigenen Weg gehen? Der Tag hat nur 24 Stunden und das Leben x Jahre. Setze Prioritäten und werfe Ballast ab, indem du für dich herausfindest, was du wirklich willst und was wirklich nur du kannst, was dich unersetzlich macht.

8. Und nicht zuletzt frage dich auch: Was lassen deine Umstände zu? Wie lässt sich dein Können im Rahmen der Möglichkeiten realisieren? Wo musst du Abstriche machen? Betrachte die Einschränkungen nicht als etwas Negatives, als ein Hindernis, sondern als zusätzliche Entscheidungshilfe, das Richtige und Passende zu tun. Und frage dich, was hindert dich wirklich und was schiebst du vielleicht nur vor?

9. Atme tief ein und aus. Nutze die Erfahrung körperlicher Entspannung, um dir allen Raum für deine Befragung zu nehmen.

10. Und schließlich: Woran glaubst du, wovon bist du zutiefst überzeugt? Glaubst du an Gott, an die Liebe, an die Kunst? Der Mensch muss an etwas glauben, an einen irdischen oder transzendenten Wert, daran, dass es etwas gibt, das von Bedeutung ist. Glauben ist Bedeutungszuschreibung. Worin siehst du deine Bedeutung,

wofür bist du auf der Welt? Was entfacht deine Leidenschaft und Hingabe? Für welchen Wert bist du zu leiden und kämpfen bereit?

11. Atme tief ein und aus. Lasse den Atem fließen wie deine Vorstellungen und Ideen.

12. Die Ergebnisse dieser drei Fragen, was brauche, kann und will ich wirklich, münden in die Antwort auf die Frage: Wer bin ich und was soll ich tun? Nimm dir die Zeit, um deine persönliche Antwort auszuformulieren.

13. Und dann spüre schließlich, wie du innerlich wächst an der Einsicht in deine wahre Bestimmung, wie du beflügelt wirst von deinem Dharma, den Ruf verspürst, zu sein und zu tun, wofür du berufen bist. Verankere dein Dharma, deine Bestimmung, tief in dir, wenn du magst, formuliere ein Sankalpa, einen Sinnspruch, und fasse den festen Entschluss, dem Ruf deines Dharmas zu folgen. Sondiere gedanklich, was als Nächstes zu tun ist, wie du dein Dharma künftig in dein Leben integrieren willst. Du bist völlig ruhig und entspannt und schöpfst aus deiner augenblicklichen Entspannung Kraft und Antrieb für die vor dir liegende Aufgabe, deine Aufgabe in der Welt. Und du stellst dir dich schließlich im Alltag vor, in deiner neuen Rolle, deiner neuen Version von dir selbst. Lasse dieses Bild und deinen Entschluss für ein paar Minuten auf dich wirken und lasse deinen Traum zum Ziel werden.

14. Dann beginne dich zu recken und zu strecken wie nach einem erholsamen Schlaf. Komme langsam wieder zurück ins Hier und Jetzt und stimme zum Abschluss dieser Meditation ein langes Ommm an, die Frequenz und den Urlaut Brahmans, wahlweise kannst du das Ommm auch innerlich tönen. Öffne allmählich die Augen und setze dich auf. Verschränke die Hände zum Anjali Mudra vor deinem Herzen und fühle dich von deinem Entschluss beflügelt.

# Impulsfragen

Was ist dein Lebenssinn? Was willst du auf Erden vollbringen? Was ist deine Bestimmung/dein Dharma?

Was willst du in deinem Leben erreicht oder erfahren haben, bevor es zu spät ist? Wo willst du an deinem Lebensabend stehen? Was soll von dir bleiben?

Was liegt dir wirklich am Herzen? Was würdest du gerne tun, hättest du nicht zu wenig Zeit? Was würdest du heute noch ändern, wenn du erführest, dass du nur noch ein Jahr zu leben hättest?

Wann, wenn nicht jetzt?

Was oder wen musst du loslassen und verabschieden? Welche Lebensumstände haben sich überholt und fühlen sich nicht mehr stimmig an?

# Psychologischer Test

Die Dharma-Lehre des Karma Yoga, wie sie auch in der Bhagavad Gita (der zentralen Schrift des Hinduismus) dargelegt wird und eine Antwort auf die Frage nach der persönlichen Bestimmung und Berufung gibt, ist ein zentraler Baustein der fernöstlichen Weisheitslehre.

Dabei sind Doshas die ayurvedischen Konstitutionstypen, ähnlich der Vier-Säfte-Lehre, wie wir sie aus der europäischen Humoralpathologie kennen. Statt vier Typen (Sanguiniker, Phlegmatiker, Melancholiker und Choleriker) benennt die fernöstliche Gesundheitslehre drei Typen: den hageren Vata-Typen mit dem flattrigen Nervenkostüm, den temperamentvollen Pitta-Typen, der zum Burn-out neigt, und den gemütlichen Kapha-Typen, der am ehesten eine Depression entwickelt.

Im Folgenden findest du einen Dosha-Test, der dir Aufschluss über deinen persönlichen ayurvedischen Konstitutions- und Persönlichkeitstyp gibt – anhand dreier Kategorien:

a) äußerliche Körpermerkmale;

b) das physiologische Profil und

c) Vorlieben/Verhaltensweisen.

Vergib in der folgenden Tabelle Punkte für die jeweiligen Eigenschaften auf einer Bewertungsskala von 0 »trifft gar nicht zu« bis 3 »trifft absolut zu« und addiere dann deine Punktzahl unter dem jeweiligen Dosha.

## Äußerliche Körpermerkmale

| | Vata | Punkte | Pitta | Punkte | Kapha | Punkte |
|---|---|---|---|---|---|---|
| Körperbau | Untergewicht, zierlicher Knochenbau, schmale Schultern und Hüften, wenig Taille | | mittelschwer, athletisch und muskulös | | Neigung zum Übergewicht, kräftige Gelenke, Unterhautfettgewebe | |
| Haut | trocken, dünn, kalt, rau, Faltenneigung, schnell bräunend | | Blässe, leicht fettig, warm, Sommersprossen, Leberflecken, neigt zu Falten | | geschmeidig, weich, schnelle Bräunung, späte Faltenbildung | |
| Haare | fein, dunkel, trocken, frühes Ergrauen und Haarausfall | | blond bis rötlich, dünn, frühes Ergrauen und Haarausfall | | dick, gewellt, fettig, viel, geschmeidig, spätes Ergrauen, kaum Haarausfall | |
| Hände/Füße | feingliedrig, sehnig, hervortretende Adern, gelenkig | | durchschnittlich, gekräftigt | | groß und kräftig, steif | |
| Zähne | unregelmäßige, schiefe Anordnung, poröse Substanz | | Neigung zur Gelbfärbung, Neigung zu Karies | | wohlgeformt und robust | |

## Physiologisches Profil

| | Vata | Punkte | Pitta | Punkte | Kapha | Punkte |
|---|---|---|---|---|---|---|
| Bewegung/Gangbild | beschleunigt, hastig, leichtfüßig, locker | | dynamisch, entschlossen, zügig | | langsam, schwerfällig | |
| Gewicht | nimmt leicht ab, schwer zu | | schnelle Gewichtsab- und zunahme | | nimmt schnell zu, langsam ab | |
| Appetit | schwankend – mal viel, mal kein Hunger | | starker Hunger, braucht regelmäßige Mahlzeiten | | gut und gerne, kann aber Mahlzeiten ausfallen lassen | |
| Vorlieben | mal trockene, mal fettige, süße und salzige Speisen | | scharfwürzige, süße oder bittere Speisen | | schwere, deftige, scharfe, bittere oder süße trockene, kalte Speisen | |
| Verdauung | wechselhaft, empfindlich, Blähungen, harter Stuhl | | guter Stoffwechsel, aber Durchfallneigung | | träge, regelmäßig, dicker Stuhl | |

| | Vata | Punkte | Pitta | Punkte | Kapha | Punkte |
|---|---|---|---|---|---|---|
| Schlaf | leicht, un-ruhig, Schlaf-störungen | | Einschlaf-störung, aber gut durch-schlafend, wenn auch leicht | | tiefer, fester Schlaf | |
| Sprechweise | schnell, sprung-haft, rede-gewandt | | energisch, laut | | ruhig, gefestigt, charmant | |
| Sinne | Geräusch- und Geruch-empfindlich-keit | | scharfer Sehsinn | | mag leib-liche und sinnliche Genüsse aller Art | |
| Kognition | lernt und vergisst schnell | | gute Erinnerung | | langsame Auffassungs-gabe, Lang-zeitgedächt-nis | |
| Klima | tropisch: warm und feucht | | an der See: kühl und windig | | Sahara: trockene Wärme | |
| Gesundheitsprobleme | Nervosität, Verdauungs-probleme, Schmerzen, Introversion | | Fieber, Ent-zündungen, Hautaus-schläge, Sodbrennen, Wutausbrüche | | Erkältun-gen, Ver-schleimung, Lymphstau, Depression | |

## Vorlieben/Verhaltensweisen

| | Vata | Punkte | Pitta | Punkte | Kapha | Punkte |
|---|---|---|---|---|---|---|
| Geist | unstet, aktiv, ideenreich, kreativ, unentschlossen | | scharfer, analytischer Verstand, weitsichtig, planend | | beständig, ruhig, tief gehend, gründlich | |
| Stressreaktion | nervös, ängstlich | | angespannt, schnell verärgert | | äußerlich ruhig, innerlich gespannt | |
| Konfliktverhalten | launisch und unberechenbar | | cholerisch | | frisst Probleme in sich hinein, nachtragend | |
| Arbeit | Abneigung gegen Routine, selbstbestimmt | | der geborene Chef | | gleichmäßige Arbeitsabläufe bevorzugt | |
| Freizeit | gesellig, kann sich aber auch gut mit sich beschäftigen | | Vorliebe für große Events und gesellschaftliche Ereignisse | | Couchpotato, ein schönes Essen mit guten und engen Freunden daheim | |
| Sport | aktiv und mit Freude dabei | | leistungsorientiert, gerne Extremsport | | Sport ist Mord! | |
| Lebensmotivation | Freiheit, Erlebnishorizont weiten | | Pragmatismus: Ziele erreichen | | werteorientiert, Sicherheit und Beständigkeit | |

## Auswertung

Gesamtergebnis Punkte:

Vata          Pitta          Kapha

Dominieren zwei Typen, spricht man von einem Dosha-Mischtyp. Manchmal gibt es, bei nahezu gleicher Punkteverteilung, auch den Tridosha-Typen.

Der Dosha-Typ gibt Aufschluss über deine persönlichen Stärken, aber auch deine Schwachpunkte. Um das persönliche, dominierende Dosha auszugleichen, empfiehlt es sich, mit Lebens- und Verhaltensweisen im Alltag konkret gegenzusteuern. So sollte beispielsweise der Kapha-Typ darauf achten, mehr Pitta- und Vata-typische Verhaltensweisen in sein Leben zu integrieren, um sein Dosha auszugleichen, der Pitta-Typ tut gut daran, mehr Kapha und Dosha zu berücksichtigen, und dem Dosha-Typ ist mit etwas mehr Kapha und Pitta geholfen. Dazu ein konkretes Beispiel: Dem trägen Kapha-Typ tut regelmäßiges Lauftraining gut (Sport ist kein Mord!), während der dynamische Pitta-Typ mehr Entspannungseinheiten benötigt.

## Achtsamkeitsübung

Ein Stück Gedenkkultur: Richte einen kleinen Schrein oder Hausaltar zum Gedenken verlorener Angehöriger, aber auch zum Erinnern an schöne vergangene Erlebnisse ein, ausgestattet beispielsweise mit einem vergilbten Foto deiner Vorfahren, etwas, das dich berührt und einen emotionalen und symbolischen Wert hat; für viele kann das auch eine Art Reliquien sein: Kinderlocken und Milchzähne der eigenen, mittlerweile erwachsenen Kinder.

## Dein persönliches Krafttier

Was ist heute dein persönliches Krafttier? Kannst du dich der Nachtigall anvertrauen oder schwebt dir ein anderer Patron vor? Wie willst du dich mit deinem tierischen Seelengefährten verbinden?

## Lektüre

Otfried Preußler: *Krabat* (1971)

Der Junge Krabat lässt sich auf einen fatalen Pakt mit dem Bösen und ein Spiel auf Freiheit, Leben und Tod ein. Otfried Preußlers Jugendbuchklassiker *Krabat* bietet spannende Lektüre für Jung und Alt und wurde 2008 unter anderem mit Daniel Brühl eindrucksvoll verfilmt.

## Musikempfehlung

Dead Can Dance: *Anastasis* (2012)

Die australische Musikgruppe führt verschiedene ethnische Musikstile zu stimmungsvollen Kompositionen an der Schnittstelle von Weltmusik, Neoklassik und Rock zusammen.

## Filmtipp

*Verborgene Schönheit* (USA 2016)

In dem Filmdrama *Verborgene Schönheit* erzählt David Frankel von dem in einer New Yorker Werbeagentur tätigen Howard, der den Tod seiner Tochter zu verarbeiten sucht, indem er Briefe an den Tod, die Zeit und die Liebe schreibt – und überraschenderweise Antworten erhält.

# 12. Rauhnacht:

## 5. JANUAR

| | |
|---|---|
| **Feiertag/ Gedenktag** | Vorbereitung der Perchtnacht |
| **Monat** | Dezember – steht für den dunkelsten Monat des Jahres, aber auch denjenigen, in dem die Wintersonnenwende stattfindet und das Licht neu geboren wird |
| **Thema** | Ganzheitlichkeit; Abschluss |
| **Namenstag** | Roger – Gefährte Franz von Assisis; Johann Nepomuk – Priester und Bischof von Philadelphia |
| **Keltischer Baumkalender** | Hainbuche, Lebensbaum der Beharrlichkeit (1.12. bis 11.12.); Feigenbaum, Lebensbaum des Einklangs (12.12. bis 21.12.); Buche, Lebensbaum der Intuition (22.12.); Apfelbaum, Lebensbaum der Liebe (23.12. bis 1.1.) |
| **Krafttier** | Hirsch – Führung; Selbstbewusstsein |

Die Nacht vom 5. auf den 6. Januar ist die Perchtnacht. Sie bildet den Höhepunkt der Wilden Jagd, bevor sich das Tor zur Anderswelt um 24 Uhr wieder schließt. Dann beginnt die Zeit der Epiphanie. Die nach Mitternacht einsetzende Dreikönigsnacht wird auch als Nacht der Wunder und inoffizielle 13. Rauhnacht aufgefasst, die nicht explizit benannt wurde, um ihren transzendenten Charakter und die im Verborgenen tätigen Kräfte nicht zu irritieren.

Am 6. Januar ziehen die Sternsinger von Tür zu Tür und segnen die Häuser. In der christlichen Überlieferung erreichen die Heiligen Drei

Könige, Caspar (von altiranisch *ganzabara* »Schatzträger«), Melchior (Melchior von Melek, »König des Lichts«) und Balthasar (von babylonisch *balsazar* »Gott ist Schützer«), den Stall. In der Ostkirche ist die Epiphanie von besonderer Bedeutung. Die orthodoxen Christen feiern das Weihnachtsfest daher erst am 6. Januar. Dabei ist das umfassende Räuchern und Reinigen, das wir aus dem Heidentum kennen, auch dem Christentum nicht fremd: Bei zweien der drei Geschenke handelt es sich um Räucherwerk: Weihrauch gilt als desinfizierend und leicht berauschend und wächst in Arabien und Ostafrika. Myrrhe ist ein Baumharz, dem ein heilende und konservierende Wirkung nachgesagt wird. Es gedeiht ebenfalls in Arabien und Ostafrika. Die dritte Gabe Gold ist das edelste aller Metalle: Es korrodiert nicht.

Da nach dem Heiligen Drei Königstag der Winter immer noch lang und hart ist, pflegte man einst in den höheren Gesellschaften, sich weiter die Zeit zu versüßen – mit der Tradition der Neujahrsempfänge, zu denen geladen wurde, wer von Rang und Bedeutung war. Für das »gemeine Volk« stand zur finalen Winteraustreibung der Fasching bereit. Die Fastenzeit erscheint auf den ersten Blick als Widerspruch zu diesem Treiben. Doch nicht nur die Arbeit und der Ernst des Lebens hatten die Menschen wieder im Griff, zugleich neigten sich die Wintervorräte dem Ende zu. Daher hieß es: Darben bis Ostern. In keiner Jahreszeit wird die Ambivalenz der Lebensführung des Menschen als Zwischenwesen der Sphären von Natur und Kultur so deutlich: Die Bevölkerung schwankte zwischen Genießen und Entbehren, Arbeiten und Belohnen.

# Morgenroutine: Meine Traumanalyse

Inhalt meines Traumerlebnisses:

Mögliche Botschaft:

# Meditation:
# Ozeanische All-Einheitserfahrung

Weltseele, Allgeist oder Brahman: Für das alles Seiende durchdringende göttliche Prinzip wurden in den verschiedenen Kulturen unterschiedliche Begriffe geprägt. In dieser Meditation wollen wir uns in der grundlegendsten aller meditativen Techniken üben: der Abstraktion von der eigenen Subjektivität hin zur Alleinheitserfahrung.

Gehe bitte wie folgt vor:

1.  Lege dich jetzt in Savasana ab. Komme zur Ruhe, richte es dir bequem auf deiner Matte oder dem Untergrund deiner Wahl ein. Wenn du magst, nimm dir eine Decke, damit du nicht auskühlst. Überprüfe deine entspannte Rückenlage, die Beine ruhen hüftbreit auf der Matte, die Füße sinken nach außen; die Arme liegen mit geöffneten Achseln neben dir auf dem Boden, die Handinnenflächen sind nach oben geöffnet. Rücke das Kreuzbein ein wenig nach vorne, sodass die Lendenwirbelsäule nicht ins Hohlkreuz kippt. Wenn du deinen Rücken und deine Knie noch mehr entlasten möchtest, schiebe bitte ein Kissen unter die Kniekehlen. Die Halswirbelsäule wird auch im Liegen lang, das Kinn neigt sich wieder leicht Richtung Brustbein, die Schultern sind von den Ohren weggezogen. Dann schließe die Augen, lasse die Augenlider ganz weich werden und dann atme tief in den Bauch ein.

2.  Zu Beginn dieser Meditation positionieren wir uns zunächst einmal zu unserem Umraum. Horche, welche Geräusche oder Gerüche aus deiner Umwelt zu dir hinüberdringen, ohne diese für angenehm oder störend zu befinden. Schätze die Entfernung der Geräusche ab, orte die Quelle eines Geruchs. Dann spüre: Ist es kalt oder warm in dem Raum, in dem du dich befindest? Überprüfe

dein verschlossenes Blickfeld: Ist es hell oder dunkel vor deinen geschlossenen Augenlidern? Ist die Lidhaut vor deinen Pupillen tiefschwarz oder bräunlich bis rötlich, was auf die Existenz einer nahen Lichtquelle hinweisen könnte? Dann ziehe deine Sinne von den äußeren Reizen zurück und besinne dich jetzt auf deinen Körper. Die Augenlider sind ganz weich, die Augäpfel sinken in die Augenhöhlen. Richte deinen Blick nach innen, so wie du auch dein Gehör nach innen kehrst, lausche in dich hinein und spüre, was es heißt, einfach nur zu sein.

3. Gib das Gewicht deines Körpers vollständig an den Boden ab. Erfahre die Erdung deines Körpers und lasse dich fallen, spüre, wie der Boden dich auffängt und trägt. Versuche, bis in die letzte Faser Anspannung aus der Muskulatur weichen zu lassen. Extremitäten und Rumpf sind entspannt. Der Nacken ist entspannt. Die Gesichtszüge sind entspannt: Die Zunge liegt weich in ihrem Bett, du schweigst. Spüre, wo sich deine Haare aus ihren Wurzeln hervortun. Versuche, einmal wortwörtlich deine Kopfhaut loszulassen, und gehe auf Abstand zu den Regungen deines Geistes: Gedanken kommen und gehen. Lasse sie ziehen, beobachte und beschreibe sie wie ein Außenstehender, bewerte sie nicht als Betroffener. Alles, was du fühlst, speist sich jetzt ausschließlich aus deiner augenblicklichen körperlichen Gegenwart. Betrachte dich auch einmal aus der Vogelperspektive, wie du entspannt daliegst und immer tiefer in den Boden zu sinken scheinst.

4. Nimm Kontakt auf zu Spanda, dem Puls des Universums. Reibe deine Handinnenflächen aneinander und spüre die Wärme, die zwischen deinen Händen entsteht. Der Hautkontakt zwischen deinen Fingern ist ganz warm. Stelle dir den Tanz der Elektronen vor, die um den Atomkern sausen. Tantra kennt keine tote Materie, nur unterschiedliche energetische Zustände. Unter deiner Haut, wo das Blut durch die Adern pulsiert, tanzen die Elektronen ganz schnell, auf dem kalten Boden unter dir sind sie kalt und trä-

179

ge und doch tragen sie dich in ihrer Trägheit. Lege den Zeige- und Mittelfinger deiner rechten Hand an deine linke Halsschlagader. Wechsle dann die Seiten. Lege ebenjene Finger nun an deinen Unterarm und fühle die Pulsader. Unterscheidet sich die Intensität deines Pulsschlags zwischen den beiden Seiten und der Fühlstelle an Hals und Unterarm? Verweile mit deiner Aufmerksamkeit dort, wo du den Puls am deutlichen glaubst zu spüren. Spüre den Puls des Lebens, der zuverlässig in dir pocht und dich mit allem übrigen Sein verbindet.

5. Dann stelle dir vor, wie sich allmählich alles um dich herum auflöst, Farben und Umrisse werden immer undeutlicher, es flimmert und flirrt, alles um dich herum wird heller und durchsichtiger, unwirklicher, verschwimmt. Da bist nur noch du und dein Körper. Der Körper wird immer schwerer, du sinkst mit jedem Atemzug tiefer in den Boden. Die Konturen zu deinem Umraum lösen sich allmählich auf, die Grenze zwischen deiner Haut und dem Boden und der Luft wird immer unschärfer. Alles verschmilzt. Du spürst keinen Unterschied mehr zwischen dir und der Welt. Du atmest tief und schwer und tauschst Energie mit deiner Umwelt aus. Und du wirst schwerer und leichter, schwerer und leichter. In der Schwere wirst du so leicht, bis du eins wirst mit dem Umraum und der Gegenwart.

6. Bade im Ozean göttlicher Gegenwart. Atme seinen Wellengang, den ewigen Rhythmus des Seins. Bade in diesem Schwebezustand zwischen Sein und Ewigkeit, Raum und Zeit enthoben. Lasse dich nicht von aufkommenden Gedanken verführen, zu früh in deinen Ego-Kosmos zurückzukehren.

7. Dann nimm wieder einen tiefen Atemzug und beobachte vor deinem inneren Auge, wie sich dein Körper wieder materialisiert und von dem Umraum abgrenzt und in den Fluss der Zeit zurückkehrt. Erspüre wieder die Grenzen deines Körpers. Trenne dich von der gefühlten Alleinheit und komme wieder bei dir im Hier und Jetzt an.

8. Wie fühlst du dich jetzt? Wie fühlen sich deine einzelnen Körperareale an? Wie war es vor der Meditation und wie ist es jetzt? Wenn dir etwas Besonderes aufgefallen ist, mache dir eine innere Notiz davon.

9. Dann beginne dich zu recken und zu strecken wie nach einem erholsamen Schlaf. Komme langsam wieder zurück ins Hier und Jetzt und stimme zum Abschluss dieser Meditation ein langes Ommm an, die Frequenz und den Urlaut Brahmans, wahlweise kannst du das Ommm auch innerlich tönen. Öffne allmählich die Augen und setze dich auf. Verschränke die Hände zum Anjali Mudra vor deinem Herzen und danke dir selbst dafür, dass du dir die Zeit genommen und die Konzentration aufgebracht hast, diese Meditation durchzuführen.

## Impulsfragen

Was ist dir in den letzten Rauhnächten noch nicht geglückt? Welche guten Vorsätze hast du bislang noch nicht in Angriff genommen?

Welche Anregungen nimmst du mit, welche Fragen willst du dir wiederholt stellen und welche Antworten gilt es in diesem Jahr zu finden?

_____

_____

_____

_____

# Psychologischer Test

Die Qual der Wahl: Entscheidungshilfe mit Verstand und Bauchgefühl.

Welchen Weg soll ich gehen, für welche Variante soll ich mich entscheiden? Überlege dir, welche wichtige Entscheidung bei dir demnächst ansteht. Notiere dir in die linke Spalte alle Aspekte, die für die Entscheidung a) sprechen, und in die rechte Spalte diejenigen, die für b) sprechen. Alternativ kannst du in beiden Spalten auch ein Ja und Nein für eine bestimmte Entscheidung eintragen. Versehe jeden Aspekt mit einer Gewichtung in Form einer Punktzahl (von 0 für »überhaupt nicht ausschlaggebend« bis 3 »höchst ausschlaggebend«) und addiere diese Punkte.

| Pro-Aspekt von _____ | Punktzahl 0–3 | Contra-Aspekt von _____ | Punktzahl 0–3 |
|---|---|---|---|
| | | | |
| | | | |
| | | | |
| | | | |
| | | | |
| | | | |
| | | | |
| | | | |
| | Summe _____ | | Summe _____ |

Welche Entscheidung legt die Kalkulation nahe?

Und was sagt deine Intuition, dein Bauchgefühl? Tendierst du innerlich dazu, dich gegen die Empfehlung zu entscheiden, die sich aus der Punktzahl ableiten lässt?

Wo zieht es dich nun hin? Biegst du rechts oder links ab?

# Ritual

Am letzten Rauhnachttag und dem inoffiziellen 13. Tag bereiten wir die Rückkehr in den Alltag vor: Die Weihnachtsdekoration wird nach dem Heiligen Drei Königstag wieder verstaut, gute Vorsätze sollten nun gefestigt sein. Der 5./6. Januar bilden letzte Erholungstage und können zugleich als Blaupause für den Alltag eines neuen Jahres mit neuen Gewohnheiten betrachtet werden. Richte diese beiden Tage also genau so aus, wie du es dir für das neue Jahr vorgenommen hast. Aus Studien weiß man, dass es sechs Wochen bis drei Monate braucht, bis eine neue Gewohnheit in unserem Gehirn fest etabliert ist. Vielleicht hast du Lust, zum Abschluss dieser Rauhnachtreise deine gewohnten Pfade bei Tag zu verlassen und mit Familie, Freunden oder deinem Vierbeiner eine stimmungsvolle Nachtwanderung mit Fackel zu unternehmen?

# Dein persönliches Krafttier

Was ist heute dein persönliches Krafttier? Kannst du dich dem Hirschen anvertrauen oder schwebt dir ein anderer Patron vor? Wie willst du dich mit deinem tierischen Seelengefährten verbinden?

# Lektüre

O. Henry: *Das Geschenk der Weisen* (1905)

Über die kleinen großen und anrührenden Freuden und Gesten des Lebens unterrichtet uns O. Henry in seinem Werk *Das Geschenk der Weisen* anhand einer etwas anderen Weihnachtsgeschichte.

# Musikempfehlung

Ulrich Schnauss: *No Further Ahead Than Today* (2016)

Der in Berlin ansässige Musiker produziert einen verspielt-verträumten Sound zwischen Ambient und Electronic.

# Filmtipp

*Das Streben nach Glück* (USA 2006)

*Das Streben nach Glück* von Gabriele Muccino erzählt, beruhend auf der tatsächlichen Lebensgeschichte des Unternehmers Chris Gardner, von einem alleinerziehenden Vater, der allen Lebenswidrigkeiten trotzt und die kleinste berufliche Chance ergreift, um sich und seinem Sohn ein besseres Leben zu ermöglichen.

# SCHLUSSWORT

Nun hat unsere zwölftägige Reise bereits ihr Ende gefunden, und ich hoffe, du hast aus deiner magischen Rauhnachtsbegleitung viele Impulse mitnehmen und Kraft für das neue Jahr schöpfen können. Zum Abschluss möchte ich dir noch einen Leitsatz mit auf den Weg geben, den du dir ins Gedächtnis rufen kannst, wann immer du das Gefühl hast, mit deinen Ressourcen an deine Grenzen zu stoßen und den auf dich einstürmenden Herausforderungen nicht mehr gewachsen zu sein – sei es auf der beruflichen ebenso wie auf der Beziehungsebene:

Love it, change it – or leave it!

# ÜBER DIE AUTORIN

Namas T. Tasja hat in München und Zürich u. a. Philosophie und Psychologie studiert (Dr. phil.) sowie eine Ausbildung zur AYA-zertifizierten Yogalehrerin und zum therapeutischen Coach (500h+) absolviert. Seither arbeitet sie als freie Publizistin, Buchübersetzerin und Redakteurin und ist an der WAY-Akademie für Yoga und ganzheitliche Gesundheit an verschiedenen Standorten deutschlandweit als Ausbilderin und Dozentin sowie als Personal Trainerin tätig.

# BIBLIOGRAFIE

Allione, Tsültrim (2008): *Den Dämonen Nahrung geben. Buddhistische Techniken zur Konfliktlösung.*

Appel, Jennie; Grosser, Dirk (2021): *Urkraft des Nordens. Mit Ahnenwissen, Schamanengottheiten und weisen Seherinnen zu den Wurzeln unserer Spiritualität.*

Badwal, Wanda (2022): *Chakra Yoga.*

Baron-Reid, Colette (2019): *Das Orakel der Krafttiere.*

Farkasch, Isabelle (2020): *Rauhnächte. Märchen für Erwachsene.*

Huber, Gerald (2018): *12 000 Jahre Weihnachten. Ursprünge eines Fests.*

Kirschgruber, Valentin (2013): *Das Wunder der Rauhnächte. Märchen, Bräuche und Rituale für die innere Einkehr.*

Paulus, Jochen (2016): Wie steht es um Ihr Wohlbefinden? in: Simon, Claus-Peter; Schaper, Michael (Hrsg.): Was die Seele stark macht, GEO Wissen Gesundheit Nr. 4, 2016.

Paulus, Jochen; Schnell, Tatjana (2014): *Was gibt Ihrem Leben Sinn?* in: Simon, Claus-Peter; Schaper, Michael (Hrsg.): Was gibt dem Leben Sinn? GEO Wissen Den Menschen verstehen Nr. 53, 2014.

Pearson, Carol S. (1993): *Die 12 seelischen Archetypen.*

Rose, Sahara (2021): *Entdecke dein Dharma – Der innere Kompass zu einem glücklichen Leben.*

Ruland, Jeanne (2009): *Das Geheimnis der Rauhnächte: Ein Wegweiser durch die zwölf heiligen Nächte.*

Schmid, Wilhelm (2007): *Mit sich selbst befreundet sein – Von der Lebenskunst im Umgang mit sich selbst.*

Schnabel, Ulrich (2018): *Zuversicht. Die Kraft der inneren Freiheit und warum sie heute wichtiger ist denn je.*

Seemann, Hanne (2007): *Freundschaft mit dem eigenen Körper schließen. Über den Umgang mit psychosomatischen Schmerzen.*

Sitaram Sabnis, Nicky (2019): *Achtsame Ayurveda Küche. 100 Rezepte für alle Doshas.*

Tolle, Eckart (2002): *Leben im Jetzt.*

Wilber, Ken (2008): *Wege zum Selbst. Östliche und westliche Ansätze zu persönlichem Wachstum.*

Wilkinson, Philip (2020): *Legenden und Sagen aus allen Kulturkreisen.*

# NOTIZEN